Copyright © 2022 Noah Alexander.

All rights reserved. This book or any portion thereof may not be reproduced or used in any manner whatsoever without the express written permission of the publisher except for the use of brief quotations in a book review.

DOG BREEDS WORD SEARCH 01

```
T G A O I S I L K A L A M Y A R A S K A
E K A I R E D A L E T E R R I E R P J E
T Z Z E D H M W H G Q K M H W H A Z X
U A L P I N E D A C H S B R A C K E Q I
M W R A A L A S K A N H U S K Y B V V
A N O L P R T A I N Z A N E A H P H G C
L O E O K E U L H K J K P Z F A H J U N
A C I P G H A A O K P B J E G Z Z X E S
M W E E N C O N V U C A D O H N U S A Z
N W Q K I S W O R Z U S V V A N F G F T
A E F I Z N F E E O N H H F N S I E R K
K W G S K I H S P Q A Q R W H I Z L I V
S B N Z V P U P T Z Z X E S O N S F C N
A M H K L N G A V U A Q G H U T F J A C
L J V I V E M Ñ O L L E Q F N E O N N A
A O F B M F L O Z G G C U I D I A G I T
Q A H U F F T L C T V J V Z O W L Q S I
A L A S K A N K L E E K A I C B D R W K
A N V V H K L G V U A R G H T W C K J A
I G V G O D L L U B N A C I R E M A V G
```

AFFENPINSCHER	AKBASH	ALASKAN KLEE KAI
AFGHAN HOUND	AKITA	ALASKAN MALAMUTE
AFRICANIS	AKSARAY MALAKLISI	ALOPEKIS
AIDI	ALANO ESPAÑOL	ALPINE DACHSBRACKE
AIREDALE TERRIER	ALASKAN HUSKY	AMERICAN BULLDOG

DOG BREEDS WORD SEARCH 02

```
N A N D A L U S I A N H O U N D Q R M L
E N B U T N A T P W I D D E E M R Z L E
W K Z D L V T Q A Z H I D H F M W X V I
G O D E L T T A C N A I L A R T S U A N
W D N U O H X O F N A C I R E M A E L A
U R A P S D N U O H S I O T R A O D G P
Z G O D O M I K S E N A C I R E M A W S
A U S T R I A N P I N S C H E R W W Z R
Q G O D R P M A G N A I N E M R A I B E
H K A W A Z A M E R I C A N B U L L Y T
T F R E F H J V F W J U I V C E W U W A
M L I D E M A C L U K K M I V T Q E Z W
H R E I R R E T N A I L A R T S U A G N
V X G W I U J V W E C Q L T U M X T N A
C H E H G K R N R F M L V X Z T D W R C
H I O O L E U A R M A N T H U M T M D I
V C I C S H D A I N I F B M K X G G B R
O G S Q Z G O F S Z L M U M Q V P C H E
Z A U S T R A L I A N K E L P I E U D M
R V D R E H P E H S N A I L A R T S U A
```

AMERICAN BULLY
AMERICAN ESKIMO DOG
AMERICAN FOXHOUND
AMERICAN WATER SPANIEL
ANDALUSIAN HOUND
ARIEGEOIS
ARMANT
ARMENIAN GAMPR DOG
ARTOIS HOUND
AUSTRALIAN CATTLE DOG
AUSTRALIAN KELPIE
AUSTRALIAN SHEPHERD
AUSTRALIAN TERRIER
AUSTRIAN PINSCHER
AZAWAKH

DOG BREEDS WORD SEARCH 03

```
G O D D R E H P E H S E U Q S A B C Z E
I N A R I E C R E T A D O D A B R A B T
Q E D R E H P E H S O C S A M A G R E B
B Z H V F Q N V U J V P T C U K C R D E
E X F H M G Z U U H K Z I B R H B E B I
A T E E G H A V F N K U T V E A E I E L
G C T J Q B A R B E T P D M I R R R L L
L E B A N J A R A H O U N D R W G R G O
E E I L S F Q D S I N I F B R A E E I C
V L Z P V Z W O J C H H N E A L R T A D
Z L M B V B G U S I Q Q P S H D P N N E
A O D N I I H B C J G V H A E O I O S D
Z N H T N Z C J I N I V V G L G C T H R
I F N O R E C U A E B V C V G D A G E A
P W P N A G D R H S P R Q W A K R N P E
L X Z O N C T P C A G S W Q E F D I H B
B S R T L H L O P B G B D F B U P L E B
T K D N U O H T E S S A B Q J V Q D R K
S Z U H U X J V O G A G I Q B Z X E D T
U I L C R T S Z E V C D K P M O J B F R
```

BAKHARWAL DOG BASQUE SHEPHERD DOG BEAUCERON
BANJARA HOUND BASSET HOUND BEDLINGTON TERRIER
BARBADO DA TERCEIRA BEAGLE BELGIAN SHEPHERD
BARBET BEAGLE-HARRIER BERGAMASCO SHEPHERD
BASENJI BEARDED COLLIE BERGER PICARD

DOG BREEDS WORD SEARCH 04

```
Q D N U O H D O O L B X Q J Z L G G W I
H O B R B J F Q N F S R C B I E A Y C D
B M V C A R U I P Q F E Q E T I B L Z N
D I W I I E O N R V J I E R B N O L B U
L N C P K Z C O I A E R I N J A H I A O
I G B H D Z B R C C S R L E X P E B U H
Q I L Q O O A E L A C E L S O S M K U N
N B A M S N W I T E G T O E P Y I T F O
L O C Z W J F R K O C N C M O D A D I O
Q R K N N M Q R H E B A R O L R N A A C
F Z M B O J D E I S F I E U X A S W L K
F O O O R L W T U S G S D N A C H A L C
S I U L S T Z R C S É S R T Y I E O E I
R B T O I F I E E X D U O A C P P B O T
X N H G V X W D I H J R B I A E H G B E
H N C N E Q C R I R V K B N L U E G R U
U S U E Q K J O L C O C C D E L R V E L
G I R S P R T B P O Q A C O U B D K O B
H U M E H B K B W W P L G G L W F I B G
A F I U P H P L W V D B Q U B T R Z A D
```

BERNESE MOUNTAIN DOG
BLOODHOUND
BOHEMIAN SHEPHERD
BICHON FRISÉ
BLUE LACY
BOLOGNESE
BILLY
BLUE PICARDY SPANIEL
BORDER COLLIE
BLACK MOUTH CUR
BLUETICK COONHOUND
BORDER TERRIER
BLACK RUSSIAN TERRIER
BOERBOEL
BORZOI

DOG BREEDS WORD SEARCH 05

```
B R A Q U E D U B O U R B O N N A I S T
V F M B J S J W M T B O F P Z I O D D B
S T H O L X I H A X X W A Q V Z T F F P
J K F S B O X E R I P C B V P A V P X P
F F I T I N S A I J E L V I W T C M L Z
P V Z O W H R S U B G T A M V K N Z O X
I Z A N B R A Q U E D A U V E R G N E Z
E S P T B R A C C O I T A L I A N O F W
H O J E L M H W Z M C U Z G U A T A P P
H O P R P W O T O V B R I T T A N Y X R
K J F R Q E G È I R A L E D E U Q A R B
N M A I K M D N U O H A R U J O N U R B
L R T E N A E C H B R I A R D V H A G R
I A T R H B R O H O L M E R V V X P K
P S L E I N A P S N I K Y O B A A D G Z
T B O U V I E R D E S F L A N D R E S D
M J O F G S D G P O L T M D T C R D X C
A B R A Q U E S A I N T G E R M A I N N
B O U V I E R D E S A R D E N N E S I N
S I A C N A R F E U Q A R B T R N L Z H
```

BOSTON TERRIER BRACCO ITALIANO BRAQUE SAINT-GERMAIN
BOUVIER DES ARDENNES BRAQUE D'AUVERGNE BRIARD
BOUVIER DES FLANDRES BRAQUE DE L'ARIÈGE BRITTANY
BOXER BRAQUE DU BOURBONNAIS BROHOLMER
BOYKIN SPANIEL BRAQUE FRANCAIS BRUNO JURA HOUND

DOG BREEDS WORD SEARCH 06

```
E C C N Z M E G W R P N K V T B J G P S
Q A A X C C B B C E H R V K I G L O P A
U N N Z R M B U S I S E S V M H M D C Q
B D A A E U U L K R M I N J X S G D A F
E E A T T Z L L R R O R K D M S O R N J
H P N T N R L A J E A R H P X M D E A U
X A D U I A M R K T C E B W C U L H D N
E L O K O L A A W N T T E I H T L P I G
M L G Y P R S B P R B L L H T U U E A E
V E A L S U T U O I C L Z I C T B H N E
E I W L O Z I A V A F U U A R G O S E X
F R W U G Z F C R C H B P H O P R A S N
N O O B R S F P G J Z J Q M J H I N K T
C R M S U A F N A S K Z V H J I E I I A
I C E P B V G G J W E U S D C M P V M P
N O F F I R G S L E S S U R B Q M O O F
T I Z P V W D V X U G E F T T F A C D E
D T B T C C A N D E C H I R A V C U O G
W I Z Í U Q R O L L A M È M A C O B G T
C X O C G O D L L U B J Q A D J A U N L
```

BRUSSELS GRIFFON BULLMASTIFF CAMPEIRO BULLDOG
BUCOVINA SHEPHERD DOG BULLY KUTTA CAN DE CHIRA
BULL ARAB BURGOS POINTER CAN DE PALLEIRO
BULL TERRIER CA MÈ MALLORQUÍ CANAAN DOG
BULLDOG CAIRN TERRIER CANADIAN ESKIMO DOG

DOG BREEDS WORD SEARCH 07

```
M C A R D I G A N W E L S H C O R G I R
C I T W G J G C N M A Z H L J Q R M C C
E J S E R I A E D A R R E S A D O Ã C P
S L I X D Q E X C E S K Y F O U S E K R
K P C A R O L I N A D O G T T S W O A O
Y R Z C A N E C O R S O X S V X S C L X
T N L E U G I M O Ã S E D A L I F O Ã C
E C D Q L N W I K R E S M Z Z K O A R T
R S É N O E L A E R A C F T F B M K X G
R C A N T A B R I A N W A T E R D O G G
I B O G Q K X Q A P O R O I D E N A C V
E F R F F Z G J W Q D K K J I L P T G P
R N J L M H W R M D X Z G B D M K U Z J
A U H A U H I H C J Z O W J T H W C C S
C A T A H O U L A L E O P A R D D O G Z
V K J W M S E R O T A R A P E N A C W G
G O D P E E H S N A L A T A C M W U F W
I L J A M B F Q V P L J J H K S W A F V
O R I E R O B A L O R T S A C E D O Ã C
G Q K L W H X L K U X N H C L R G W P P
```

CANE CORSO
CANE DI OROPA
CANE PARATORE
CANTABRIAN WATER DOG
CARDIGAN WELSH CORGI

CAREA LEONÉS
CAROLINA DOG
CATAHOULA LEOPARD DOG
CATALAN SHEEPDOG
CESKY FOUSEK

CESKY TERRIER
CHIHUAHUA
CÃO DA SERRA DE AIRES
CÃO DE CASTRO LABOREIRO
CÃO FILA DE SÃO MIGUEL

DOG BREEDS WORD SEARCH 08

```
R D N U O H N A T E R C V A L O G G P R
C T C H I L E A N T E R R I E R U P X T
H K P R I P R D C U J X X J I O C G X D
I W P Z K Z G O D G N I Q G N O H C B W
N B W F A L P M S I P T V A A J U U R S
E H L W M G Z W W V C Z Z I P B K L E A
S M W Q R M N U R Q H G P E S W O Q Z N
E J O I V V X I F V O C V I R J T Q J T
C C H O W C H O W H R M X V E D K Z C E
R A E L U T E D N O T O C R B V A S H L
E Z V V D D K K I Q A Z N A M G S L I L
S F X G G G J U M Q I D T L U T L C P E
T H K F T P C X V N L G U J L P E H P D
E V V N F V T E F Z F F H W C Q D I I O
D H D P N E J J M K R S N A E B D N P C
D H N U J T B I A T H M O I U W O O A E
O Y A U G U R U N Ó R R A M I C G O R N
G D J A C L I U C I M G C X M N M K A R
G O D L L U B L A T N E N I T N O C I I
I U D N U O H O N I F N A I B M O L O C
```

CHILEAN TERRIER   CHORTAI   CLUMBER SPANIEL
CHINESE CRESTED DOG   CHOW CHOW   COLOMBIAN FINO
                                               HOUND
CHINOOK   CHUKOTKA SLED DOG   CONTINENTAL BULLDOG
CHIPPIPARAI   CIMARRÓN URUGUAYO   COTON DE TULEAR
CHONGQING DOG   CIRNECO DELL'ETNA   CRETAN HOUND

DOG BREEDS WORD SEARCH 09

```
A U D O N X X B A T I X X K I E Q D D K
U Z T N E C J J B S B R J Q B N B O R U
O L S I L K P A X I G I T U O F C G E P
C Q N T N N A M R E B O D P V R D U N C
E B O N S I Q T R F W Q D B O R Q E T U
T T C E L W E P O K V J L A M H W B S R
L A S G M D B Z G R R L T T A Q B R E S
A Z E R Q D A L M A T I A N B X U A P I
M J D A I X Q S C M A A K G R   Q S A N
E P R O I L P O G N H Q O O V O E I T U
T X A G K F Q I S E J G Q D J G K L R R
A T S O L H L H P D W W B T V N Q E I U
U J O D V M E B C P R T I D Q I K I J C
G Z G K J E J Z N Z Z E L E C D Q R S A
O Z O H P G T Q N G Q Z G O N E Z O H L
G M D D R I B G Q D K K J I L P T P O X
O W O B D D A C H S H U N D V Q U A N O
D G T K L X A I Z T I P S H S I N A D G
D C K X U A E D R O B E D E U G O D Z L
R E V E I R T E R D E T A O C Y L R U C
```

CROATIAN SHEEPDOG
CURLY-COATED RETRIEVER
CURSINU
DACHSHUND
DALMATIAN
DANISH SPITZ
DENMARK FEIST
DINGO
DOBERMANN
DOGO ARGENTINO
DOGO GUATEMALTECO
DOGO SARDESCO
DOGUE BRASILEIRO
DOGUE DE BORDEAUX
DRENTSE PATRIJSHOND

DOG BREEDS WORD SEARCH 10

```
A K I A L N A I R E B I S T S A E X I B
M R L O M M M P R E V E R D G S W B R C
D U T C H S M O U S H O N D M G J T D V
J H F F F I T S A M H S I L G N E I K I
X U G E E T T F K D T B T T O G O N K V
D R E H P E H S N A E P O R U E T S A E
T D U T C H S H E P H E R D L B H E Z B
L E I N A P S R E K C O C H S I L G N E
E S T R E L A M O U N T A I N D O G E I
K L C C W J R W A R E K N U D H L W K H
H W A R M R M I T O R S N I B S K H Q I
L E I N A P S R E G N I R P S X R A K U
O W U Q O G U T O W Z Z S Q M B U N A A
O E D W W F F L C O R A P E H D N C H H
X A R N C D N U O H X O F H S I L G N E
V I G Q R T U J N D Q R O B D M S C K
C A C Q P R E T T E S H S I L G N E L U
K C N I N T B D N U O H N A I N O T S E
M L Z R E I R R E T Y O T H S I L G N E
X G C U E N G L I S H S H E P H E R D X
```

DREVER
DUNKER
DUTCH SHEPHERD
DUTCH SMOUSHOND
EAST EUROPEAN SHEPHERD
EAST SIBERIAN LAIKA
ENGLISH COCKER SPANIEL
ENGLISH FOXHOUND
ENGLISH MASTIFF
ENGLISH SETTER
ENGLISH SHEPHERD
ENGLISH TOY TERRIER
ESTONIAN HOUND
ESTRELA MOUNTAIN DOG
SPRINGER SPANIEL

DOG BREEDS WORD SEARCH 11

```
G A S C O N S A I N T O N G E O I S T F
U F W U Q Z E I X Z C O T L M F Z R L I
N H N A D M D T C K E Q A D G R D E V L
G O A G D R Q U R A X J K S B E R V Z A
P O A M U S U E T Z S G T T T N E E W B
W A O C K K I T H J D S E B W C H I M R
O L I U Z S W M T V V G L E N H P R F A
Z I M X A H C J F Q P I S Z P B E T I S
M S I R X E I T C U R E Q T U U H E E I
V P U C U Q Q S K N D N O I Q L S R L L
R E H C S N I P N A M R E G K L N D D E
F I N N I S H L A P P H U N D D A E S I
I Z T I P S H S I N N I F X H O I T P R
K I E B A H B F M S J R J K A G G A A O
U D N U O H N A M R E G X K V Z R O N J
D R E H P E H S N A I F A R A G O C I T
L E I N A P S H C N E R F D I A E T E J
T R Q H N R U H R R J C J W E P G A L X
M F I N N I S H H O U N D B M R T L H F
F V X P L O Ñ A P S E O G L A G E F U S
```

EURASIER	FINNISH SPITZ	GARAFIAN SHEPHERD
FIELD SPANIEL	FLAT-COATED RETRIEVER	GASCON SAINTONGEOIS
FILA BRASILEIRO	FRENCH BULLDOG	GEORGIAN SHEPHERD
FINNISH HOUND	FRENCH SPANIEL	GERMAN HOUND
FINNISH LAPPHUND	GALGO ESPAÑOL	GERMAN PINSCHER

DOG BREEDS WORD SEARCH 12

```
O V E U N V U J X Z O F B S T J V B G K
N E É D N E V N O F F I R G D N A R G O
G G L E N O F I M A A L T E R R I E R A
I S L N F J W B R Q L G H S C T H W M F
A R G R E Y H O U N D T P X P F D E N V
N A G O Ń C Z Y P O L S K I C T Q D S H
T N H F S O E K R X E Z R E E K S Z H M
S O J I B G E R M A N S P A N I E L E I
C C E B G O D D N A L N E E R G I O N G
H J U D R E H P E H S K E E R G E Q A D
N T E G J K V F W K C U Z G Q L S Z D U
A Z T I P S N A M R E G U X Z K X U T Z
U N X B D S M E X C B X G T X H N Q A Z
Z P Q V E R D R E H P E H S N A M R E G
E D N Z G R H B V A L L N F J N U H R Q
R A I O K Z D P G A E Z L N W G S A G D
E M G R I F F O N N I V E R N A I S L D
V K I V G O L D E N R E T R I E V E R X
X J P L H G T G O R D O N S E T T E R S
C I D N U O H E R A H K E E R G D L V P
```

GERMAN SHEPHERD   GOLDEN RETRIEVER   GREEK HAREHOUND
GERMAN SPANIEL   GORDON SETTER   GREEK SHEPHERD
GERMAN SPITZ   GOŃCZY POLSKI   GREENLAND DOG
GIANT SCHNAUZER   GRAND GRIFFON   GREYHOUND
                        VENDÉEN
GLEN OF IMAAL TERRIER   GREAT DANE   GRIFFON NIVERNAIS

DOG BREEDS WORD SEARCH 13

```
X H A M I L T O N S T Ö V A R E H E F G
F F D N U O H K L E S R O F E L L Ä H O
W M T F R V F P J Z U E X N E C K M E D
C E S E N A V A H N W A Y F L Z H Z A P
R E I R R A H U D H P T A O H R P X X E
A H H C G L G G N A N X W R Y D O N J E
E O I A B G U Z G L R L A T G A B B Z H
C V E S H N L X Q D C N T B E A G F I S
N A R B A O L M D E K X N U N G K H U N
K W R K N D T J N N K P U B H T H Q V A
Z A A F O L E E U H T J H N O P N C X Y
T R N K V L R E O O M T O B U L O N U A
D T W Z E U R W H U Q V Q K N E C W J L
B X O Z R G I H N N P B V U D J L M E A
T Q L S H L E Z A D O G K U X Z A B C M
U O F E O F R J Z T H O K K A I D O X I
V K D C U W M N I G J W S W K T T V R H
S F O T N W K A B P H G X R T A O B Z H
R U G W D Z N Q I B D L T E P T S X W G
X Q W Z E J B H G D O W L Q L Q D P N N
```

GULL DONG   HARRIER   HOVAWART
GULL TERRIER   HAVANESE   HUNTAWAY
HALDEN HOUND   HIERRAN WOLFDOG   HYGEN HOUND
HAMILTONSTÖVARE   HIMALAYAN   HÄLLEFORS
                   SHEEPDOG   ELKHOUND
HANOVER HOUND   HOKKAIDO   IBIZAN HOUND

DOG BREEDS WORD SEARCH 14

```
R E I R R E T L L E S S U R K C A J T Q
L D M J A P A N E S E T E R R I E R B O
B N G G R F K M M P I S W K C C M U B E
L U O L I Z P V W D G J R U M V F N O F
E O D M N A N N X J K Q M X W F L R V S
I H P L I N D I A N S P I T Z W U V V E
N Y E K Q C D N I H C E S E N A P A J J
A E E M X Z T I P S E S E N A P A J N H
P R H M J G O D H A I R A P N A I D N I
S G S K R J I N D O T L A O J Z K S N X
R N C S C J A G D T E R R I E R F X W E
E A I V C D N U O H F L O W H S I R I N
T I D H Q U R E T T E S H S I R I T G I
A L N I R I S H T E R R I E R O P F M O
W A A A N I R X R B I J G F A C W T E G
H T L H T V L A P R E P F Q V X L J Z X
S I E E D O D V J U K M O Z J M O V D I
I R C M G U G E M F E O M T E A F E P U
R X I H D P O M Z R V S I G N A N O J L
I N W M M S K G Z L W D U I W A U B Q T
```

ICELANDIC SHEEPDOG   IRISH WATER SPANIEL   JAPANESE CHIN
INDIAN PARIAH DOG   IRISH WOLFHOUND   JAPANESE SPITZ
INDIAN SPITZ   ITALIAN GREYHOUND   JAPANESE TERRIER
IRISH SETTER   JACK RUSSELL TERRIER   JINDO
IRISH TERRIER   JAGDTERRIER   JONANGI

DOG BREEDS WORD SEARCH 15

```
A P E H M W C O U P S J N C M H G Q K A
I X X K I M B A K H A L A R Q K F K I M
K I S S E E M K R K C R F S P W A P N N
E A G F E J J M K A C M N L D N M K G S
R K O Q L U D K U R F O K R G K A C C X
R X W C Z V A S G S W E E A A R V U H C
Y T P O Z I M D R K R H L R A K W C A D
B E F L K R R K K R P S E K A I J B R N
L K O A A R T V Y E H L A N M N R I L O
U A D T B Q T B H E I C C K T G I L E H
E I I C J W E S P A H N J R P S A H S S
T M G K H A T H N A H H N D A H V C S E
E V P P G S E B N X N L N A J E U K P E
R O T L R R E D K L E X K M K P G M A K
R K E A D A O S L S K D R A L H U E N S
I G K D R G W G O M I X V T C E C I I A
E S O D I G I V A A A X A E Q R N Q E V
R G O X L R C C F D K J M Q X D X L L M
U G A K E W N C T B E O H W L T T T F E
D I K I I N A M A T N I K I B R S Z V X
```

KAI KEN	KARELIAN BEAR DOG	KERRY BLUE TERRIER
KAIKADI	KARS	KHALA
KANGAL SHEPHERD DOG	KARST SHEPHERD	KING CHARLES SPANIEL
KANNI	KEESHOND	KING SHEPHERD
KARAKACHAN DOG	KERRY BEAGLE	KINTAMANI

DOG BREEDS WORD SEARCH 16

```
F L J A D B M Z G U S K K K J V M H R I
Q X K J R F H K C R D U I V E I K E M O
P J R P E M F O E O M S E H E G E G J L
R Z O A B I Z K X W H F S X V S R E X O
E B M K N X I O M U I R D F D B E N R N
L Q F K U I L N L H K D G N V A V O R G
E K O K S V H I C J O D A D M J E H I A
E P H E N B A U K H M L N W I P I J Z M
H O R W J T K S Z H O E L M A T R Q M O
E C L Q W I B H Z P N Z S X B Z T Q O R
R M Ä O U K E B M C D E U I M I E F J O
I O N D Q A O E E G O Q R M O N R U G T
H A D Z P Z F O U F R M S R K R R K O T
S A E L Q J A X L L Z N V N I Z O F D O
A T R C X P S Q B I L I K L C Q D F N G
C H R P S O T F Z V E H G A R M A A U A
N M I F P C D O U R D D A S Q L R F Y L
A O K O O I K E R H O N D J E F B D O D
L E D R E I R R E T D N A L E K A L K T
S E V K T T W H Q P L H G F S B L P M S
```

KISHU	KOOLIE	LABRADOR RETRIEVER
KOKONI	KOYUN DOG	LAGOTTO ROMAGNOLO
KOMBAI	KROMFOHRLÄNDER	LAKELAND TERRIER
KOMONDOR	KUCHI	LANCASHIRE HEELER
KOOIKERHONDJE	KUVASZ	LANDSEER

DOG BREEDS WORD SEARCH 17

```
G F J Q L B F V M H K I L X H K I S Z M
S Q K V O F L C A R L Z A R A P L C F A
G L L O I C N I K X X E R Z R S I S D C
T A I Z L Q N Q A G D P G L N B H R N K
Q P T T E E W E X U Q A E E P K Z T U E
P P H O O N D L F C T W M Q W D I V O N
M O U D N O L I F V K G Ü I U L B Q H Z
X N A R B T U A P I K L N G M U D E Y I
G I N A E X F N I T D U S C A P M D E E
J A I S R H K G U Z N N T D N O A F R R
T N A O G W G S S W A E E C E I G C G I
O H N R E I U H R M E H R P T T Y K A V
S E H E R B G A H F W C L Z O A A S T E
P R O I R P X N H X K W Ä U O L R Q T R
A D U R N B P D D S T Ö N E X I A T A H
A E N V K J O O F R P L D H R A G A R U
S R D E K L R G W T G Q E F S N Á O H S
A A T L H V W V A R V L R V W O R W A K
H U D F Q M A L T E S E U R V T A S M Y
L U A R E I R R E T R E T S E H C N A M
```

LAPPONIAN HERDER
LARGE MÜNSTERLÄNDER
LEONBERGER
LEVRIERO SARDO
LHASA APSO

LIANGSHAN DOG
LITHUANIAN HOUND

LUPO ITALIANO
LÖWCHEN
MACKENZIE RIVER HUSKY

MAGYAR AGÁR
MAHRATTA GREYHOUND

MALTESE
MANCHESTER TERRIER
MANETO

DOG BREEDS WORD SEARCH 18

```
K V M T M F R M V R K G O B U X W G Q P
M Z T W I V F L M E V W R W G M R P T B
V B N M N M F I A I J F E R O F Z Z S R
D H E U I O I K R J M H S D C C M I E
I U W D A L T F I R T O C J G S O S E Z
H T F H T O S V A E X L S R N E O B F U
Z Q O O U S A Q L T O I N R I I Z N N A
H U U L R S M T G L F V I U G H L H I N
M I N H E U N E N L X P P C N C I Z A H
C K D O F S A Q I U K S E N I U L D T C
N K L U O O T H D B D J R I S C K N N S
A Z A N X F I I R E M G U A A U Z N U E
B P N D T E L B E R D B T T E M F K O R
D H D P E P O O H U H K A N N O Z A M U
O D U F R I P Z S T N A I U I M O G P T
G F M E R R A L T A L P N O U T L I J A
P O U J I U E J E I X K I M G G J O M I
N T D O E S N E N N O J M R W G G M G N
C D I F R Z Q E E I Q K H F E F I B X I
L A F D D U A L N M G U B T N S A S P M
```

MCNAB DOG
MINIATURE BULL TERRIER
MINIATURE FOX TERRIER
MINIATURE PINSCHER

MINIATURE SCHNAUZER

MOLOSSUS OF EPIRUS
MOUNTAIN CUR
MOUNTAIN FEIST
MUCUCHIES

MUDHOL HOUND

MUDI
NEAPOLITAN MASTIFF
NENETS HERDING LAIKA
NEW GUINEA SINGING DOG

NEWFOUNDLAND

DOG BREEDS WORD SEARCH 19

```
F E B G N N A S B P A C K J P A N Z V L
F G P V N U R T N Z G H G N P D O O F N
N G N R O I Q E O K O Q O N N O R L E O
U O K F R K L P R G R G D W X T W D A R
R D D U T P B S W D R Z P K N T E E C W
E L N O H B E N E P A V E L O E G N Z I
T L U R E E M E G A V R E A R R I G Z C
N U O F R L N T I I A J H P F H A L H H
I B H S N O E T A V N C S A O O N I B T
O H R F I C E O N O N W H P L U L S D E
P S E P N V K B B R O D S I K N U H E R
H I E H U T L R U H H Q I L T D N T D R
S L D E I E K R H N C F L L E L D E P I
I G S Q T B B O U V A X G O R Q E R L E
N N A G D P L N N H P E N N R Z H R G R
A E P G O K R D D Q X U E W I A U I J W
D E M J G I S K E L P V D R E P N E M A
D D A W G T R J S E T M L B R Q D R U R
L L P C V C Q V P R W K O K E K N I Q H
O O N O R W E G I A N E L K H O U N D G
```

NORFOLK TERRIER   NORWEGIAN LUNDEHUND   OLDE ENGLISH BULLDOGGE

NORRBOTTENSPETS   NORWICH TERRIER   OTTERHOUND

NORTHERN INUIT DOG   OLD DANISH POINTER   PACHON NAVARRO

NORWEGIAN BUHUND   OLD ENGLISH SHEEPDOG   PAMPAS DEERHOUND

NORWEGIAN ELKHOUND   OLD ENGLISH TERRIER   PAPILLON

DOG BREEDS WORD SEARCH 20

```
P T C R O N R B J Z P C A P E C W T Z C
E G I E L X P T I D E Q J E J W A O Z V
K O Z I P I E G X I T C P R S V Q I D K
I D T R L P M T J H I L A R I K L R N N
N P B R U K B H T C T E T O D E L A U D
G E W E M C R H V R B I T M N N D N O V
E E T T M A O U G O L N E A U È J A H L
S H E L E B K R N A E A R J O L D C T C
E S Q L R E E M E C U P D O H A K A T H
N N H E T G W Q J N D S A R H H B S O W
F A T S E D E H W I E Y L E O P L E L J
M I R S R I L I R N G D E R A G G R P Q
S N B U R R S T Z A A R T O R O G P V U
M O W R I C H R Q I S A E Z A H O E C D
Q G M N E O C P G V C C R F H M V D T T
F A V O R U O I I U O I R J P P O O X J
D T K S G Q R B W R G P I O T G K R H I
H A D R J U G X O E N X E T V W L R C N
B P A A P H I W W P E F R J R V K E T P
P X K P L P Z J A I E A T P K W U P V K
```

PARSON RUSSELL TERRIER
PATAGONIAN SHEEPDOG
PATTERDALE TERRIER
PEKINGESE
PEMBROKE WELSH CORGI
PERRO DE PRESA CANARIO
PERRO MAJORERO
PERUVIAN INCA ORCHID
PETIT BLEU DE GASCOGNE
PHALÈNE
PHARAOH HOUND
PHU QUOC RIDGEBACK
PICARDY SPANIEL
PLOTT HOUND
PLUMMER TERRIER

DOG BREEDS WORD SEARCH 21

```
P O I N T E R P S A Z B L K H J P D J U
R Z M K P T F O U H R I E G T Z O U D M
D S D M O V A L P T R P I L M B R P P T
N U N X R R T I Q C B F N P S G T O O Q
U B U L T V O S U N I I A Q P X U R D Q
O M O G U B E H C H H K P K K N G T E P
H O H K G A D T W K X N S V I N U U N P
Y I C E U X N A W T R H R V Z I E G C O
E R A J E Q U T N V C N E T R G S U O M
R A V L S T O R J E H T M W P Q E E V E
G N A S E Q H A D L I N E T O P W S A R
H A S U P R H S R O J F D H R X A E L A
S C O S O N S H P U B X U T C P T P E N
I O P B I N I E W Q F L A P E O E O N I
L C P Z N R L E R O R B T V L O R D C A
O N S L T E O P M Q N Z N F A D D E I N
P E V D E B P D P O E D O T I L O N A I
I D O S R Z B O S M X W P C N E G G N W
Q O D T T C G G P L O R D D E I O O O T
V P F Z T Z N C P B S A M Z Q J S D R U
```

PODENCO CANARIO	POLISH HOUND	PORCELAINE
PODENCO VALENCIANO	POLISH TATRA SHEEPDOG	PORTUGUESE PODENGO
POINTER	POMERANIAN	PORTUGUESE POINTER
POITEVIN	PONT-AUDEMER SPANIEL	PORTUGUESE WATER DOG
POLISH GREYHOUND	POODLE	POSAVAC HOUND

DOG BREEDS WORD SEARCH 22

```
G O D R A D H S P B B X N Z I Q L K D G
H N I V Q M A Y A L A P A J A R Z P O L
P R A S U X Q S D Q R E I R R E T T A R
P Y R E N E A N M O U N T A I N D O G O
D X C G O D N A S G N U P J L P U V R I
N E X H N L B L H V E C U Q X L A P E P
R W U S D D R T E B F C L K Z D X Z D U
S I D Z I O O X A K H Q I Z X X S X X D
R A T O N E R O M A L L O R Q U I N J E
U G O D P E E H S N A E N E R Y P S R L
P N O Q P R A Ž S K Ý K R Y S A Ř Í K P
P Y R E N E A N M A S T I F F E Z P M O
T A O P F A D W X Q U L I M U P I R G I
O J E T N E L A O D O R I E F A R Z F N
I W X V B P S E U T B Q Z C W X C R L T
Q P M O L F K S J I P Q J X S Z P T J E
E Z F W O I M X F U S T J W V L V B N R
O D G A A F Z H G S H B H F T S B X C H
M I D M D N U O H Y E R G R U P M A R C
F N I C V A X E J R M H N T T M S W F E
```

PRAŽSKÝ KRYSAŘÍK
PSHDAR DOG
PUDELPOINTER
PUG
PULI

PUMI
PUNGSAN DOG
PYRENEAN MASTIFF
PYRENEAN MOUNTAIN DOG
PYRENEAN SHEEPDOG

RAFEIRO DO ALENTEJO
RAJAPALAYAM
RAMPUR GREYHOUND
RAT TERRIER
RATONERO MALLORQUIN

DOG BREEDS WORD SEARCH 23

```
V T T X I T F R P O B Q T D A W R H U S
V D G K U H B K Z A U A I N R A U G B A
R D H C O D L U P Q I R R U U D A O L I
O N R A R P U N D X E U A O S O J D E N
U U U B X E P I R R L J T H S C E F I T
G N S E G R N H A I M T O N O D P L N U
H I S G U E T E N J T R N O E W G O A S
C U I D E L D L R K Z E E O U D R W P U
O Y A I U I U H E Z C B R C R J C S S G
L K N R D E A E B Q U U O E O G H O N E
L U T N R W Q T T P T H M N P N T O A S
I Y O A U T B K N N S T U O E P G L I P
E R Y I Z T X P I M P N R B A R A R S A
K P C S H O F J A V O I C D N Z T A S N
A B B E J R U D S R J A I E L R N A U I
Z B D D H U N K T O M S A R A J K S R E
R A T O N E R O V A L E N C I A N O N L
A C P H X T V W E J A P O A K V C R L N
S O I R P G B Z L C C W Z K A F H Q A R
X Z S A B U E S O E S P A Ñ O L Z K E F
```

RATONERO MURCIANO
RATONERO VALENCIANO
REDBONE COONHOUND
RHODESIAN RIDGEBACK
ROTTWEILER
ROUGH COLLIE
RUSSIAN SPANIEL
RUSSIAN TOY
RUSSO-EUROPEAN LAIKA
RYUKYU INU
SAARLOOS WOLFDOG
SABUESO ESPAÑOL
SAINT BERNARD
SAINT HUBERT JURA
SAINT-USUGE SPANIEL

DOG BREEDS WORD SEARCH 24

```
G G G Z S C O T T I S H T E R R I E R W
O C S C O T T I S H D E E R H O U N D E
D D L S H I S Q G U D Q W M V J K D X T
D R S W A A Z O G Z C C Q S I B G O P Z
R S D M N L E C A N I N A L P R A Š A M
E E F D H J U V C I E K R E P P I H C S
H G T A A A C K C G L C S Q D G Q H U J
P U G S U O O V I K N G O D I B A R A S
E G W A O W X X Z N E S E N G A R I R S
H I G P P P I U K G Z A L H O W Z N J H
S O Z S W N Z S S M V M O P F O W N N E
N I N A G A X B R V O S O S Q R O I B
A T J L Q B K L L B G Y N B Z F D Q E T
I A S I Z J H I T B G E H P C L I O F T
N L M J R G W D T C L D B N J B H D Q U
I I Q S E G U G I O M A R E M M A N O B
D A L R T P U V S C H A P E N D O E S R
R N R E I R R E T M A H Y L A E S Q I L
A O D N U H F U A L R E Z I E W H C S D
S S H F S C H I L L E R S T Ö V A R E A
```

SALUKI	SCHAPENDOES	SCOTTISH TERRIER
SAMOYED	SCHILLERSTÖVARE	SEALYHAM TERRIER
SAPSALI	SCHIPPERKE	SEGUGIO ITALIANO
SARABI DOG	SCHWEIZER LAUFHUND	SEGUGIO MAREMMANO
SARDINIAN SHEPHERD DOG	SCOTTISH DEERHOUND	ŠARPLANINAC

DOG BREEDS WORD SEARCH 25

```
P S G D J Q S S S X L E W K M X W S G X
T P F N D Z I G N R G Q I H J I L H T G
G V K S N S S X I E Z V E G Q P B I X O
F J S H D F I V T I R L P O E W R B C D
F D I I N L B S U R F H R D Q G A A N P
G V L L U G E W O R O I A L Q N Z I B E
F C K O O N R Z K E H I H L P S D N C E
U G Y H H K I L X T D Z S U H N P U A H
D B T S D U A Z N E I J E B U V F C V S
N R E H N Z N Q O Y V U F O K K B V U D
U X R E I T H J D K S X H N Z P X Q C N
O M R P W H U G T S E N R A H X Q A Ý A
H M I H N I S J Q F A Z S R K U O W K L
A B E E H K I H I V W D R C F N V S T
L G R R K S Y P B P Q N T E E N G R N E
A R I D L J C R B V H R S H P S T E H
H Q P J I K E W R Q Z J O C D E M O V S
N H B N S S F I U U V T Z N H O M L O N
I V B L V D Q P I A S L O U G H I Q L A
S P E D K L W L M S H I K O K U P E S S
```

SERBIAN HOUND	SHIH TZU	SILKY TERRIER
SERRANO BULLDOG	SHIKOKU	SINHALA HOUND
SHAR PEI	SHILOH SHEPHERD	SKYE TERRIER
SHETLAND SHEEPDOG	SIBERIAN HUSKY	SLOUGHI
SHIBA INU	SILKEN WINDHOUND	SLOVENSKÝ CUVAC

DOG BREEDS WORD SEARCH 26

```
F V A S W E D I S H E L K H O U N D E Q
A K R A H C V O N A I S S U R H T U O S
R G A N G O D R E T A W H S I N A P S C
G S M A L L M Ü N S T E R L Ä N D E R S
R E I R R E T S A C U L G N I T R O P S
V S O I P V O P O K Ý K S N E V O L S Z
T J A R E I R R E T X O F H T O O M S W
S P A N I S H M A S T I F F N E G J U I
K C O T S S N E H P E T S H W I S G S L
E R A V Ö T S D N A L A M S J L T B S M
H O F N E T W H F M J I O W D L T E E Z
J T B P H G K A B D E T T K P O U R X K
V M Z P J L Q E A M D R G X L C L D S G
O N A I L A T I E N O N I P S H A V P E
G D Z I R O U C O F B J T L L T Z D A T
S T A B Y H O U N X V N O R Q O X H N R
U N G V O I W Q Z G K Q N I P O U S I L
N C E L Q U O M A N F X P P D M G B E E
A D K U D G F G J E A O G K K S J P L B
S S T A N D A R D S C H N A U Z E R N T
```

SLOVENSKÝ KOPOV
SMALANDSTÖVARE
SMALL MÜNSTERLÄNDER
SMOOTH COLLIE
SMOOTH FOX TERRIER

SOUTH RUSSIAN OVCHARKA
SPANISH MASTIFF
SPANISH WATER DOG
SPINONE ITALIANO
SPORTING LUCAS TERRIER

STABYHOUN
STANDARD SCHNAUZER
STEPHENS STOCK
SUSSEX SPANIEL
SWEDISH ELKHOUND

DOG BREEDS WORD SEARCH 27

```
D T D Y Z A T H K T R F N U B P O W I T
N H X Z Z K E F T A W D A S I N K K G R
U A K T F H X S A I J F D B O M G B F E
O I N H A D D U M W X O K H D J K M F I
H B Z H M N D K A A V R J B C P I M I R
K A U D K U N C S N R I U K I U M E T R
L N T A R H U A K D V E W W H O Z N S E
E G L B X P H B A O A L A A U S S D A T
E K N O F P L E N G T I W G B P J S M D
T A A O H A L G D V A S M P E A D H N L
I E I Q U L A D O B V A F T V I W V A E
H W M J T H V I G M G R J F R Y Q C T I
W D O L Q S H R D N J B J K N K D X E F
H O L S G I S I R P C R P A F N Q L B R
S G E G O D I A L T T E G J R A K X I E
I T T Z D E D H Q B H I F T U T V B T T
D U L W G W E T U E A R S M P E F M B N
E C O R N S W X V T K R H Q S B K W A E
W D C U A P S N D K F E T H R I J B D T
S Q L K T N B G D H D T G U S T R G J B
```

SWEDISH LAPPHUND TAMASKAN DOG TERRIER BRASILEIRO
SWEDISH VALLHUND TANG DOG THAI BANGKAEW DOG
SWEDISH WHITE ELKHOUND TAZY THAI RIDGEBACK
TAIGAN TELOMIAN TIBETAN KYI APSO
TAIWAN DOG TENTERFIELD TERRIER TIBETAN MASTIFF

DOG BREEDS WORD SEARCH 28

```
C P C H B I O T O N Y A F I N O S U S O
A G V T P T R C L K E S B V H A A T T S
V K T R T R D M S X M B N P R F Y A I H
J B R E D I T R D T X D F H H R K R B N
H T E E Q G O A K X V M T T O C L P E H
B O E I P G A N Z I J O O L L U F M T B
X S I N X H K M K Z R Y E E I U H A A S
V A N G C O I A F N F A I S J M N G N G
K I G C F U C P J O N N X S C S L S T S
O N F U I N A A X H A T G V P U R N E B
W U E R O D K T O P I O D I W T M K R S
X H I X H S E U S F Z R E K U W E M R B
Q Q S O M R N N D W E K X H X X M G I W
R T T G R D A H R G N U A A J T E C E H
A R B I R T C Z K K I Z D N N B J H R V
B P E E E I S W H P H J B C W X M N W W
J R U B F M L J X W M S N I Q Q H D G W
R E I R R E T R E E T S E H C N A M Y O T
I T A M S J V N P J R N T A L S Z I V X
X T R A N S Y L V A N I A N H O U N D A
```

TIBETAN SPANIEL
TIBETAN TERRIER
TONYA FINOSU
TORKUZ
TORNJAK

TOSA INU
TOY FOX TERRIER
TOY MANCHESTER TERRIER
TRANSYLVANIAN HOUND
TREEING CUR

TREEING FEIST
TRIGG HOUND
TYROLEAN HOUND
VIKHAN
VIZSLA

DOG BREEDS WORD SEARCH 29

```
F T A M M D T L O I H L K Q M D J V O G
X B J B L J K R E I R R E T H S L E W A
J V A K I A L N A I R E B I S T S E W A
R E I R R E T X O F E R I W A G O C Z N
G N K C B P G Q Q A R R P J Z O T W W K
T J Q I K T E T K E T D T F E D M L O I
S A S U P A H B W M Q B U K K P C S X Z
V O L P I N O I T A L I A N O E I P D X
L K A K I A L N A I T U K A Y E V Z N Z
M N U O H R E T T E W L I T A H P B F E
T W W I R E H A I R E D V I Z S L A D N
L E I N A P S R E G N I R P S H S L E W
I X I A S I D O G C D Z C K U S Z G O F
F F D R E H P E H S E T I H W L M W H D
W U T N X A Z S E H S D R Q U E S D K E
F I M S W E I M A R A N E R L W J R E R
N Z J C F V V D G Q M U R F T I S T O Z
R E I R R A H Y R T N U O C T S E W R U
V G O D S S E L R I A H N A C I X E M Z
W H I P P E T G S S W R H T N G Q B O I
```

MEXICAN HAIRLESS DOG   WELSH TERRIER   WHITE SHEPHERD
VOLPINO ITALIANO   WEST COUNTRY HARRIER   WIRE FOX TERRIER
WEIMARANER   WEST SIBERIAN LAIKA   WIREHAIRED VIZSLA
WELSH SHEEPDOG   WETTERHOUN   XIASI DOG
WELSH SPRINGER SPANIEL   WHIPPET   YAKUTIAN LAIKA

DOG NAMES WORD SEARCH 30

```
G L T K R R Z Z T Z Q V B D R J O X R N
H G O V L B O R V U L H S H V V H U H L
G L P R P P B E S K Q L V W A R K M C I
A U S X V Z V P P E I F A P A B Z C D R
N A L A B V K I N L B N W H K X T O K S
U N G V H X J P Y E K C C A A Q J O O G
H Q H C N O X O L Z U L H Z E G B P N T
Z B S I P Q R L W V O M C A G S J E A B
D H N B I L A V E W F E M M R W I R S C
C J Q K I J L U N A Q I X C U L Z D E T
M B Q L U B C B N U X R T F F A I O U D
W T L I L V K A R O C K Y V W U P E T J
V Y C C X B N N W G V Z O T R I U N M L
D V R M C Z D H P I K R M A X P X L R W
V F W H O A K P T I Q X H G I S G V U J
H F O E P V F F L K N R O X B I D H S L
A L D E N J E I X U C B M L J G E N U I
X C R S S L U C Y U K O M I A U J H A G
O X A C Y S I A D D E O F L O M I L O R
T A F R C G J J H I K V C L G Z U F W P
```

BELLA	LILY OR LILLY	MILO
CHARLIE	LUCY	NALA
COOPER	LUNA	PIPER
DAISY	MAX	ROCKY
KONA	MIA	ZOE

DOG NAMES WORD SEARCH 31

```
K J M H X G C H O P P Z J W O P N T D O
T M R X V S C N H V V V D L I G H V Z T
D I U I Q O B C V D U Q U J N L O Z E I
P Z N W C Q Y Z C S J W C S C F L K B D
F R S C X L P H Z D X B P S L R R O I I
F A K W L L Q N N U X E M E D O D X W H
L K R O B U N T P H I Z Z C E G I W X G
A F M W T Z W D P X Z G P N F E Z M I T
D L H V L H E X O A P B D I I K R I V K
Y X X W A C K R L A W D T R F L W J Y N
Z T L J Q W R O I M V E S P Z O A R F E
G Q B V Q O L P K G Y P I T D T L I P X
Q M V B Y H L Z H X E X R C E J O I N U
E W H X V R M H T A L U J L A L B H N P
A M O Z E J O D M L I Q U U O R L V R W
G R Q X K T G S N L A H D C J J G A Q Q
B S C O C O H F J F B T D Y O F A M L O
E S C B E X A Q J N T L X U T M R F L J
G C S G D X I R I L E Y C P M E A J N S
K D S O W Z N J H W I N N I E F W F M G
```

BAILEY	LADY	RILEY
COCO	LOLA	ROXY OR ROXIE
DIXIE	LUCY	STELLA
GRACIE	MOLLY	WILLOW
IVY	PRINCESS	WINNIE

DOG NAMES WORD SEARCH 32

```
X R C Q M K J G O N W H P J I K R W X A
V W C W R J N K I R H F D V D Y S G Z L
T A F R S I U J S A T K Z Z D L I F P L
S E V M I N U R Z M U Z T D D H N Z P E
F Z P J E Z L E F N R G U V E V R S H T
A N F K S Z L V Z X E B K S X L V Q U S
J V G B Y E L I R E K N Q B W O V Q Z M
S W W A J Z R J A R C S I X U C L Q M L
J G H I U Q X R O I U K A S B F E C D G
K J N W V R B S W C T E A O J D X A I K
A L R E G N I G Q P O B O O V Z I F J D
V J U G J G I N Q X G C N F X F A R O G
O W M S A O L M R X E F U A I Y L L O M
N Z V V C H W D V K V J J X Q A T S Q U
O T A V K G H N L Z A I E K S C U K U U
L X Z H H F E F F T D N O M A U D N F S
R C E A G P K L Q U A F R Z W P S W I C
K E T L S G K C E O G O Q S Q T D G N U
K G U A R T I H J Y E L S I A P M P N U
R F D H C K T G Z T G B U N U P S J F A
```

ASPEN	JACK	PAISLEY
BUDDY	JUNO	RILEY
COCO	LEXI	STELLA
GINGER	MOLLY	TUCKER
HAZEL	NOVA	XENA

DOG NAMES WORD SEARCH 33

```
I Z Y E O J A O L S R E H T N U G U X F
Z N T E E G F R U E F L Q U K O M S B G
H P A S V K T D X C Y X X Z V L R T L F
R A E B R K M D U E E E X A G I Q C R M
C O I E X Q U K H W A C E H T V I E B D
P B M Q E S H P U O I F T G J E K G V J
F I N N E N R N C S Y N V D B R O L R W
L W D F R U A H Q D X W S C S H L P S N
B E V F M J O A D C L Z O T Q S U A F I
M F C Q B Z O E L A C V B Q O Z M T T C
X P C R L E T G E P T F U C D N V U D I
E W J A X U S A J K O Q X X T H H L X Z
T O V B U U K R B O U W Y E L T N E B E
D O O F C A S C W L R D P W J B X E O N
H K H S B E W H N X H A V M F S T O B S
T V C A A B T I O R X E P H N B P G B V
P R T S U I E E H T V R B Q I D Z Q O K
P F T G U V R I D I U Q Q O V L W G X P
C M I K F D U A U X Z X K E P F R M T W
O E A U D N Q C R V L H I K X Z W S A R
```

ARCHIE   FINN   LOKI
BEAR   GUNTHER   MURPHEY
BEAU   JAX   OLIVER
BENTLEY   JOEY   TEDDY
DUKE   LEO   WINSTON

DOG NAMES WORD SEARCH 34

```
B X G O T K K H V K Z H A B O I Q S J P
R S N R O H T V P V C S C M P V S D W K
U F E V K M V Q C D N H K K C O E F B H
N L N I N A W N V Q O E A Q R J I A B D
O O G F T U M L G C R H I N T E J X F Z
U T E N H F B U M T N Q U U D B W F E C
O Q A K S J Z C T P H C L P O L J U B D
O T B T E S W K F S P S I H Z L E K F V
S M L D U C I Y K E G O E M P M A R A D
X L O M R A N G V V D S B B X E R Z H F
H X I M F T Z N A H U H I G O S S K A F
V K E N J P O X H G S R Z U L K L R R X
S U H T I T F V A D Q V W Z U L U M U L
W V H R V J O P N I M A T F L T A A X W
W O L X C E K E K U S O C A I O L S K W
C E W B X C Q T C M D B O D O L H N B B
H F V C N A C U R Z Z P N S C L V B Z C
U I M O C O A O K L P A G U E I M I X R
D C H F Q L Q C L C B E R U D E A A E D
A A T D X U Z S C N L K H U G B R Z B O
```

ACE	HANK	NINA
BANDIT	KOBE	OLLIE
BRUNO	LOUIE	ROSS
CHANDLER	LUCKY	SCOUT
GUS	MOOSE	THOR

DOG NAMES WORD SEARCH 35

```
G I S G W B E A T X J D G H A D H B X K
D P F P E R R I T A O R P E R R I T O Z
V S T P D L P L O X R Z F G C I N E X K
N A T A O P M A R I P O S A G W X O C K
A H Q M L C F K G S R G Z X I D U O W J
J Y L L T G R M L O J A U Q X F N K T X
V Z A A Z I D T M N L U L K B E H R M G
S C I M A L Z O W O N O A B J N I G G H
E C K L V S D P G R C L L I J P D Z H L
T U D B X N L V S A I U T B F M A U E J
B C I C A F I N O   O A R A I L D T F
D J M N C Z K N F M A T A G S P G T R Q
U G R S Z D W H Í T D X M N K L O A X M
H E V A L I B G A Z L H V F X P C B X D
F M O S I E M B C L E B R J A S M H T K
I M E U T G E X S Z R J V G O F O K V V
S J C M K O I V R W E G X G R W X A K F
K W A S O M R E H Z M B B L N T C W B D
S E B R M P Q N M Q S E J O G N A R U D
R P W M V D E H H U E H A H J L F M Q I
```

ALMA	FERNANDO	OSCAR
CONEJITO	HERMOSA	PABLO
DIEGO	HIDALGO	PERRITA OR PERRITO
DURANGO	MARIPOSA	SOFÍA
ESMERELDA	MAYA	SONORA

DOG NAMES WORD SEARCH 36

```
B N R D C Q E B C G I L P T B T J T C F
G P Z E O E K K T G X Z I G U O A V A A
T E S R T W K R Z W U H G E R R C W R R
I T E F Z F U T H O F M H E B E I C T X
F R J N O K A O J B Q R G H T L T G R O
Q A O A T H T P U O C A P Z E L I A A S
Z H S M C T F J B Z K V N A E G B N S E
T G E S O A D A D O Z C X G R R R C G B
X K F A J L A Q G U Q E R R B L I T Z Q
N N I T D H P Z G Q D U M O R L U U V X
E A N P S E G S T G F W Z S T H N N D Q
C D A R Q B L U F I V N K A P J B A O O
B H L Q D M Q E N T R W R Z L O Z W Q M
P S O R C L L E B R O F D M H W C R A N
O N U C J P C V Q O S F Z T K S Z H H J
D B S A T Q X E C S T C O S J N Q L L F
B E F C P R M Z L F N N V O M X I O B Z
L Q I U X H Z I A J I P K Z C Q B P O W
I C W C P Q O V S E S N I N G E N F H J
T S F M E V W F K D V S I I D I E H W U
```

ADELE   HEIDI   OTTO
BESO   JOSEFINA   PACO
BLITZ   KURT   PETRA
FRITZ   LIEBLING   ROSA
GRETA   MANFRED   SCHATZ

DOG NAMES WORD SEARCH 37

```
S X O P R H R C P J L N L M H N V P N P
Ü L G B O N H B C Z B U A J T R G N I K
S S V V L X M R S A D Z M A J W F K L O
S S M W F M I C R W R C Q A L D O G K W
E S S D Z D R A I P H N K K K Z Q C B W
R E F U C S I G J Q K U O B G M S H B M
E C T D K C Q R P K N U D D E L B Ä R B
M N Q G S G L U G N G V U C J U S I Z H
R I O P K D F L E N K N J V O L D K K Z
D R D D W T E X S E I I M Z Z E A B E A
A P U U R V C S O N N G V E I U H K B
M B F C H F E X G L C   R F W I S Z V X
J G V H W F B C O C H L G I D Z P S G O
F B I E F X E X N C J O I U W T U L J H
F I A S O P L F S I E P K D J I O H Q
P K B S V C L F K V R E D Z Q M A K I T
G U B N X A E D G H E P M L M P C X P C
A B F C B I S B O V H C S J X R Q T H W
F R D I G G I N O N Z O U C Z M R I S Z
J A M A K I G D A R G W Z H F Z V A C D
```

ALDO	INGRID	PRINCE
ARNO	KING	PRINCESS
DUCHESS	KNUDDELBÄR	QUEEN
DUKE	LUDWIG	ROLF
GISELLE	MITZI	SÜSSER

DOG NAMES WORD SEARCH 38

```
V H J V B F K F E V A Z I D H V L U T N
X K Z I C O Y I K D Q P F R Y Z G O L W
T F E N C D R U N A V F O R B R B U V S
P O U N O A A J S B R T R O N G M S H E
W T W K R R M U M U G A E Q C O J J I S
Z E W R V I A X A G H P I N Z E G P V P
L R A S E J C B K V H T W W N Z N R G A
N A E O X P L O C M D P X K O I J X F M
R N J M X T I Y T N O M Z E S E L E U J
L G A L E R W P C F V B U D Z V R L Q R
W E Q D S A A T J E I E V S Q G N I F W
D R S E Z W L G Q S Z I Q D U X J S M G
S E O Q S E U E Z X C D H S Q F N E T W
W E W W N A B U X I H L U N I W V N S M
U I P J J M K Z K A X O E X R F T P H B
D L A Z P I Y V E U N G C F L Y B U R X
A P Z J F X L H Q N V D L F O H D Z Z Z
U L K X L A L C K V E J E R H B K Q L K
K H B F F M O D T H F F O R A S A E G D
U L S E C W H W X N F P U B J E E T B D
```

ALEXANDER   GOLDIE   MAXIMA
BARON   HARRY   MONTY
EARL   HOLLY   PIPER
ENRICO   LINNET   RANGER
FERGUS   MARY   RUBY

DOG NAMES WORD SEARCH 39

```
C A D A R P   E C G B R Z N I M N R A G
V H H R K M A Z D S W Z A G U U U A N D
L L S V V C T V J I V I T O W B S N G T
D A P O E T T R B W D V G H H W I N A U
O T J E D A O V R O O B G R R U V P Z O
D T D M A G L P B V T W U G A F N D S L
R E L O B K R U W U I G C R R K J F J S
A S V R H K A J Q W T J C H J F U J H B
N O A P E D C E L W S D I A L W I Q K Q
O R G Q F O C D W A X P C A N I B T N W
E B C G A A W J V J D O L C E A G L O I
L L Q B B V H J T A X N O I X C B Q G D
M A B F I N D B Z O C O N V R L J B M H
X V B T O F T I B G V J S I I Z C P A Z
J I N P Z A L E M R A C N V V O D D I G
B N M F S W L S P L J P Z D L F H S T Z
C I J E F A X Q J X Q U C U X A L F A U
D A O N W K A K T I T C V T F K H X F X
A A Z P E H D J C A S J X A A P P I P B
F C B V X D N O A C U P K K X I W R A C
```

ALFA	GABBANA	PRADA
CARLOTTA	GUCCI	ROMEO
CARMELA	LAVINIA	ROSETTA
DOLCE	LEONARDO	TITO
FABIO	PIPPA	VITO

DOG TOYS WORD SEARCH 40

```
I H G I W Z W A P T S E W O S B C M W N
N E R O B A L L U L T R A G C D H E E J
J N W A R E G O R R I L L A C H E W S K
G M M D G C H U C K I T U L T R A N T O
C H U C K I T L A U N C H E R R L O P N
M K M W E S T P A W B U M I X L C S A G
P N T E R O M N L R O F A R A K C X W E
Z F E N O B H S I W E N O B E N E B H X
C D Z O B W A P T S E W E G G X J B U T
D I M N Q R F T H O Q L K W Q Z F T R R
Q Z I K F W F E M C B Z T D H D W W L E
V J H I E U G R H B M A D Z H T S Q E M
J X Z N P E Q R A X L C V C V C N E Y E
O J E L D T H B W E O H K L J W O P G X
S G N I R W E H C S T U N H G U O G F A
H K Y P P U P E L G G U N S V V V F E U
M P J Z B M A B E A A U R V C E V B I O
W J L T U F F S Q U E A K O A I M H U Z
L L A B R E C C O S Y L L O J S A K E U
F L H F V E Q B D Q P M K U M Q L Z S L
```

BABBLE BALL
BENEBONE WISHBONE
CHUCKIT LAUNCHER
CHUCKIT ULTRA
GOUGHNUTS CHEW RING

JOLLY SOCCER BALL
KONG EXTREME
NERO BALL ULTRA
SNUGGLE PUPPY
TUFF SQUEAK

WARE GORRILLA CHEW
WEST PAW BOZ
WEST PAW BUMI
WEST PAW HURLEY
WEST PAW ZWIG

LARGE DOGS WORD SEARCH 41

```
B B E W N I J J B J J A U C D O N K B A
L E T G R R P X N R K Z H F N C N E L D
A L U Q C N R H T I H M P O C B L S I Q
C G M U X E E T T Z K F H H G G S D E L
K I A D H M V A O X E H K K I K Z N Q T
R A L R Q L D I N J Z C V A Z K H U I G
U N A A Z K E Q K V R G N A T U F O G A
S L M C K N S O T E A T H O Q C F H X K
S A N I P Q X A B T E J Z W O C F D G B
I E A P A G C H Q R M B C J S L L O D A
A K K R A F F H V R E N M X G M H O F S
N E S E G C I U P U H O Q D U T Z L P H
T N A G W X R T U E S O B K O S O B H Z
E O L R Q E W A F G H A N H O U N D K Q
R I A E N H R K F Z C I G Q A O K W X N
R S F B W B L A C K M O U T H C U R S A
I B E L G I A N S H E E P D O G T U U U
E P U U Z S I O N I L A M N A I G L E B
R D V Q A M E R I C A N B U L L D O G P
J F U J H K A W A Z A G I M W U V S L X
```

AFGHAN HOUND
AKBASH
AKITA
ALASKAN MALAMUTE
AMERICAN BULLDOG
AZAWAKH
BELGIAN LAEKENOIS
BELGIAN MALINOIS
BELGIAN SHEEPDOG
BELGIAN TERVUREN
BERGER PICARD
BLACK MOUTH CUR
BLACK RUSSIAN TERRIER
BLOODHOUND
BOERBOEL

LARGE DOGS WORD SEARCH 42

```
D O G U E D E B O R D E A U X R I K S X
P V O F Q W R U B U L L A R A B U K N Z
F F I T S A M L L U B D T P W J T S U B
I M A H C S B O R A D O R E T F I R P M
F A H W C R X M X X F L O C X S B V H
O J B O W V K T K R C R D V Q G I V N X
N X R H Q O Q X R S F U P B M L X G O I
I C I C U O N A I L A T I O C C A R B W
T R A W L D D L E Z W E L L W K B U G
N E R O Z H V S K N Q C R N Q B H G C M
E M D H A Z K K K N B N N B Q U D X K L
G L W C I A Q P U Z F E X G P D S U Z D
R O C H I N O O K E L E T D P M E D K V
A H S E R D N A L F S E D R E I V U O B
O O K D O B E R M A N P I N S C H E R V
G R X B Q C L C R F C B W U J I H C T V
O B H L P G B K I S A K C M D E D F E O
D U Z M F R B E F C A N E C O R S O C L
B B O R Z O I P E V U Q J X J W W W T W
G B G O D N I A T N U O M A L E R T S E
```

BORADOR
BORZOI
BOUVIER DES FLANDRES
BRACCO ITALIANO
BRIARD

BROHOLMER
BULL ARAB
BULLMASTIFF
CANE CORSO
CHINOOK

CHOW CHOW
DOBERMAN PINSCHER
DOGO ARGENTINO
DOGUE DE BORDEAUX
ESTRELA MOUNTAIN DOG

LARGE DOGS WORD SEARCH 43

```
Q B H B G V M T R A T U F V T B S L T R
X H Z L R E U S Z O Q A Z S V K T P C O
K L P E E R E X T W D K W S U W R R R B
A X J L Y E K U C D O A Z J A A G E B P
N X N D H I E O J P M F D V F V I A F X
G M I O O S D W M N S A B L N Z U X I K
A T H O U A W Q S O K U J I O G V K L S
L V O D N R C A S E N U U R W G V B A Q
S M U N D U H M H I O D K U D R B A B H
H D K E P E J A D Z W X O T U T V K R O
E N A D T A E R G L U D R R J N V E A V
P J T L C X P Q J K N T O C T B U R S A
H P V O R E Z U A N H C S T N A I G I W
E F M G I R I S H S E T T E R E K S L A
R G M R K I N G S H E P H E R D D L E R
D N N N V N M H R A K N A K F N L X I T
D R M N L X B Z R C W T R K J D A G R W
O I R I L B H D S T P I S V G S F I O Z
G C G R E A T P Y R E N E E S G S P S E
Q W A I R I S H W O L F H O U N D N T W
```

EURASIER	GREAT DANE	IRISH WOLFHOUND
FILA BRASILEIRO	GREAT PYRENEES	KANGAL SHEPHERD DOG
GIANT SCHNAUZER	GREYHOUND	KING SHEPHERD
GOLDADOR	HOVAWART	KOMONDOR
GOLDENDOODLE	IRISH SETTER	KUVASZ

LARGE DOGS WORD SEARCH 44

```
N E A P O L I T A N M A S T I F F M W F
V C B O U F F I T S A M N A E N E R Y P
J O C I L T M I N S I D G X T P G G U W
M L P I M A G P V V T C P V L D E L D K
V S L K S I J Q Z U T U N Q R X L R J H
O J E T N E L A O D O R I E F A R I N C
M H I Q A D H T H Z P G X E L D O O P T
P F V Z K G D N A L D N U O F W E N X Z
F X S I N R Q L V M Z H H I D Q K R V M
F M F D U I M L E O N B E R G E R U T P
G O D T I U N I N R E H T R O N I C N V
T J J A N G R V A R I V L E B Q J N X I
R E V E I R T E R R O D A R B A L I I N
G O D P E E H S A M M E R A M M B A D A
M Q D C V V A F N M P J C S N D L T F N
E B S B M U Z T J K A X H J T J E N A P
K M I I L A B R A D O O D L E L Z U U W
I E N I A L E C R O P U A J S D H O V T
R S R E T N I O P L E D U P F Z B M Z C
H O T T E R H O U N D O Q T T U N K O Z
```

LABRADOODLE MOUNTAIN CUR POODLE
LABRADOR RETRIEVER NEAPOLITAN MASTIFF PORCELAINE
LEONBERGER NEWFOUNDLAND PUDELPOINTER
MAREMMA SHEEPDOG NORTHERN INUIT DOG PYRENEAN MASTIFF
MASTIFF OTTERHOUND RAFEIRO DO ALENTEJO

LARGE DOGS WORD SEARCH 45

```
G D B G V V Q T L T K O R R D I S Q H I
T S U B N X A S Z P S H D U R C F C H A
Z S M L E S D D F U Z E M C H B U D I S
S L J I H G U O L S O L V A P L P U Q W
E O N I O L O R Q T F J P L S S I P Z E
G V M E V X X R N H O E T L Q R D H L I
U E X B P G P S G O N S N J I X X P C M
G N B O V X G M D D B O A H I L X R I A
I S M F T M L K O C M S G I R I U H U R
O K I R T I B E T A N M A S T I F F D A
I Y G K Q H S K F E V K A B U D I T W N
T C O O U S L O V E N S K Y K O P O V E
A U H M D L S A I N T B E R N A R D I R
L V B D S L A G U O R V L R T W O H K J
I A V P E A R S O Q B I K A L U Q F I E
A C H S P A N I S H M A S T I F F N K S
N Z F Q S C H N O O D L E H T A B G H C
O Q G W L G D R E H P E H S H O L I H S
Q J U S P I N O N E I T A L I A N O F F
D N U O H R E E D H S I T T O C S T T V
```

SAINT BERNARD   SEGUGIO ITALIANO   SPANISH MASTIFF
SALUKI   SHILOH SHEPHERD   SPINONE ITALIANO
SCHAPENDOES   SLOUGHI   TIBETAN MASTIFF
SCHNOODLE   SLOVENSKY CUVAC   TOSA
SCOTTISH DEERHOUND   SLOVENSKY KOPOV   WEIMARANER

SMALL DOGS WORD SEARCH 46

```
R X F L B T J T J K H J T P G B G K M I
M V J D N U O H Y E R G N A I L A T I R
F K O O Q R E H C S N I P N E F F A I G
A C R F O Q S F U D U V P O Q I H N Z Z
O H E Z Z Q N M C X N G R C N N D R R D
W I H J N M Z S N M O N Q M B O C U N N
T N C N O C D U I W R I K J I L H I O U
B E S D F B T C H Q F K V F E L I X R H
V S N V F M B R C O O R J L W I H L W S
E E I K I P M X E T L E Z C E P U I I H
S C P S R L L V S I K I X V R A A Q C C
E R E H G O X C E F T L F J T P H V H A
N E R F S O J F N G E A D S E Q U G T D
A S U S L G C W A L R V I E R J A N E P
V T T J E B E L P S R A R S R G Z Z R L
A E A M S W P Q A A I C N E I G S F R U
H D I B S Z U G J F E O M T E N L A I B
Z Q N E U C O A F B R F C L R J W G E F
U K I B R N P L F P F O X A M J T J R C
W E M M B L G I Q V X I Q M O M K B M K
```

AFFENPINSCHER   CHINESE CRESTED   MALTESE
BIEWER TERRIER   DACHSHUND   MINIATURE PINSCHER
BRUSSELS GRIFFON   HAVANESE   NORFOLK TERRIER
CAVALIER KING   ITALIAN GREYHOUND   NORWICH TERRIER
CHIHUAHUA   JAPANESE CHIN   PAPILLON

SMALL DOGS WORD SEARCH 47

```
I T R F O A M L N H B S W F T U M F G K
D W U E V M S S O P U Z T H I H S E O H
E J M K I C I S K E J X B H S O M C D E
X L L Q Q R P K S S L B R D O O F K D S
A A D T I A R Q S G C P I B C C A D E R
A C E O A O Q E K E A H E P A L G U T E
X W N S O Z M I T Z N V I K O U X D S I
B Z A X S P O G P Y V A K P P V D Q E R
W H I C D O Y M C P K U C G P D U L R R
L X Q R Q R U O W Q M L W I O E V Z C E
V U B J C F V X T X O G I U R J R C E T
O C A I R N T E R R I E R S B E L K S E
S K P O M E R A N I A N O W D H M E E R
S H E T L A N D S H E E P D O G M A N I
T G W I Z I H A H E S E G N I K E P I H
K R G T G C Q D A E P I A M Q C F V H S
Q R V R T O Y F O X T E R R I E R Z C K
Q R O H H Q T P N Z Z R Z Z Q S T P K R
U C A F E U B W M S D Z P H O P U N A O
U P N B U L Q S P C Q O F E P F D W P Y
```

AMERICAN ESKIMO PEKINGESE SHIH TZU
CAIRN TERRIER POMERANIAN SILKY TERRIER
CHINESE CRESTED DOG PUG TOY FOX TERRIER
CORGI SCHIPPERKE TOY POODLE
LHASA APSO SHETLAND SHEEPDOG YORKSHIRE TERRIER

SMALL DOGS WORD SEARCH 48

```
E S L H L O L V D A U P C U U O T E R A
M R E F W B O R D E R T E R R I E R T I
B M I J R H N U W S Z V U P A Z O R R R
S M N H Z E I R I K H Z T I L Q K E R F
W A A X J B N P E H N I P S P J P C A Q
I B P J R P B C P I M E B N U C M D E G
R O S B H D M I H E R N T A S X Z A L H
E S R K C T X B C B T R W D I G Q W U S
F T E E Q K C C S H U K E U O N C Q T U
O O K Z L C U U O M O L Z T T F U B E I
X N C R G G X D J X P N L K T K V Z D E
T T O T T C A Q W F X W F D J A W M N I
E E C R E W P E K S W D U R O D R V O D
R R H W B W V N B Q J H J K I G L R T N
R R S E M N U C C T O I K X Q S P T O U
I I I S B S M J F J I W T Q K H É L C H
E E L T O G R T F T G X K N B G I J B C
R R G I W H M L H R S B A S E N J I W S
D A N E E R J R V R X H D X R S K L N A
H X E S R E I R R E T H S I T T O C S D
```

BASENJI COTON DE TULEAR SCOTTISH TERRIER
BEAGLE DASCHUND SHIBA INU
BICHON FRISÉ ENGLISH COCKER SPANIEL WESTIE
BORDER TERRIER FRENCH BULLDOG WHIPPET
BOSTON TERRIER RAT TERRIER WIRE FOX TERRIER

BEST BEHAVED DOGS WORD SEARCH 49

```
A M X J M U H U N T A W I A Y O R R C B
G O D E S I E N A V A H B J C F U Z Z L
V T Z R W R O U G H I C O L L I E J W D
I W A L P U X V I O S V F W P J L S C T
G U T W K T Q O E E J S V V T C K A R A
J U I Q V J P A A S J F B L M H Z B S O
T B I I J N E S A B O L O G N I E S E C
H Z K L E G Q U U Q E I N I E E W I H C
B O A G O S S E I I H C U C U M V M H X
U G D S I P Z D S N O I L L I P A P D Q
P R K U Q W T Z M R R C C L H U Z I O H
R E Z U A N H C S I T N A I G P Z M B K
F E E V U R B F S B E F C A X H S N E O
S P P U R F C D I M L W E O W G H K R Q
D O G O A I R G E N T I N O N I O Z M J
S U Q O I U N E E M M A R D H S Z I M
D I L P S U W C A N E C I O R S O M A L
O T D I H D F V R I X R F B M C E H N M
E E W S C O T T I I S H T E R R I E R F
Z I D N U O H F L O W I H S I R I U X H
```

AKIITA DOBERMIAN IRISH IWOLFHOUND
BASENJII DOGO AIRGENTINO MUCUCHIIES
BOLOGNIESE GIANT ISCHNAUZER PAPILLION
CANE CIORSO HAVANEISE DOG ROUGH ICOLLIE
CHIWEEINIE HUNTAWIAY SCOTTIISH TERRIER

DOG TREATS WORD SEARCH 50

```
M I L K B O N E K A N G X Q X W L S W F
S P G A X P K P C Q B P M B L V B T Z P
F B G W C P F U U O K K C X M U Q A S U
N T K F S S D P V B U D I C D E T E E P
E W D V W N P F L O K U B D M S I R N P
K N Z B E I T O C H T W Y O N T B T O Y
U S O R H K S R G V W B K X S I B L B T
O H O B C S L D V W U X V D E U A A P E
D A H C G D Q F Z D M C L R T C R T U E
I M L H N O D R D N N A B O I S D N O T
T E L W I C D E D C B N H M B I E E S H
G L X G M G R E B W T F E M Y B S D H I
F E A O L O Z Z G A W A J D T N I S S N
E S M D A D X E X R Z Z H V I I A E I G
E S P E C A M M V P A E F R L K R I R R
Q P N L P K X F J U R L A P I P M N T I
D E D C P L V B U Z Q L P R B M R E U N
T T B Y J O Q Q U A D B B O O U A E N G
N S R C M P I R N B V H D F M P F R Z S
E S N I Z E G O N E T O T H E D O G S T
```

BUDDY BUDDER
CALMING CHEWS
CYCLE DOG
FARM RAISED RABBIT
GONE TO THE DOGS

GREENIES DENTAL TREATS
LARGE DOG BONE
MILK-BONE
MOBILITY BITES
NUTRISH SOUP BONES

POLKADOG COD SKINS
PUMPKIN BISCUITS
PUPFORD FREEZE
PUPPY TEETHING RINGS
SHAMELESS PETS

DOG AND CAT CARRIER WORD SEARCH 51

```
W C K C B I J G T K P R I A C E M N A E
B P D V U T X D O X L E J J L H K B I B
T F E F H K F T G K U I T I V C I W U G
E A S L I M A T E P C Q T L X B V B X A
A K N L L E H C I R D E B I I Z X G S P
C D G O D D L M V D F F K I Z F M V B R
N Z L V T P N C J I J H E S N S E F N E
M W Z E A W V U E F E W M C D Q B F M H
S U J B I J O L O A Q P B V U X Z K A S
B I J G C F D L P H O Z R A E G T E P W
O J P R O W E I S I D Z L M B N Q V P C
J J T A X G K T N B J R J S T W R R A W
M T B D W P B D I M K M A V F F V A A C
T U S S C S O N O L F B M W C Q G L M Q
H D P E A C & M V A E E B Q T M O E U T
X D Z S W G D P D D G I B G P U N I M W
Q R M E N D B U A G O L F U J P O Z D D
E E Z O G X I D W L T E P S E J G T R X
R B I J G T K M Q T S R Z Q R O U A F T
J A R A E G T E P D J M I C E P M K M L
```

ELITEFIELD	MIDWEST	PET LIFE
ELITEFIELD	OUTWARD HOUND	PETAMI
HDP	PAWS & PALS	RICHELL
JESPET	PET GEAR	SHERPA
KATZIELA	PET GEAR	SLOWTON

DOG PREDATORS WORD SEARCH 52

```
W S C I F L B B Z Q B P W U S T L M D G
V N T M J T S B N I B O W X A B P O P S
V E X A K T U M X B A P T T N S W U N L
J N U H R H C F G B Q A V L I B C N P E
U D L R O T M D T C B S H R L K M T E R
I D U L K X F T P M T O H C E A U P R R
L I O S S U C H B S G L L K V N E I U I
F W U O K V X Z R T D S N J A O T N V U
C S H S U P N E D L E R A A J L R L Z Q
W D O R N N E Z J V Z U A E H I L I B S
T X V E K D I H L Q V S W C E K H O K L
U D S G S P T O N B O O E L C N F N J N
W H N D H R W L I X H Z M L L O U S Z G
U A A A Q W L L D D T Z B S G Q O D R I
F I K B E X C B E R X E Z B L A M N Z A
U P E C G P D H S B O B C A T S E X S R
F C S Q S E X O F C O U G A R S P R J F
J E L T O U C I M O Q H F K W R L T A P
P H U B P W U T O V X J B M J T R U N I
B S E T O Y O C O W B K W X I D B S E H
```

BADGERS   EAGLES   RATS
BOBCATS   FOXES   SKUNKS
COUGARS   JAVELINAS   SNAKES
COYOTES   MOUNTAIN LIONS SQUIRRELS
DEERS   RACCOONS   WOLVES

BAD DOGS WORD SEARCH 53

```
P T H E A M E R I C A N B U L L D O G H
D R E H P E H S N A M R E G O P I E N S
O V X A H R E L I E W T T O R E H T X D
O E A W K G R U M E W T E G P I G M A R
W N R K O R K O L N S Z N S S R V D H A
M A O E X L A U K M N J X B I S H J V N
T D W U I I F H S E L L E R Z L W K Z R
F T T F L R T H C U V D Z U D B L J S E
M A H R S X R H Y V D V W L E H L M G B
Z E W E W W Z E A B O B F K T F U D N T
H R K R H B S K T F R N D Z R O B X S N
W G Q W M U I M F L F I A V A C T E J I
O E E K V T S I V T L R D I B M I L Z A
H H P V A Z W K I I E U O L S M P R B S
C T V H Z N R I Y X C E B P M A C B D E
W A W A N O V M O N Q L A E M O C V S H
O L J D I G M B C B Z R P I H F N U C T
H M D G U L L D O N G X H U O T A G A F
C R M E U I F G P I I T A W J S O L W C
U Z D O B E R M A N P I N S C H E R S M
```

AKITA
BOXER
CAUCASIAN OVCHARKA
CHOW CHOW
DOBERMAN PINSCHERS
GERMAN SHEPHERD
GULL DONG
PIT BULL
THE AMERICAN BULL DOG
THE BULL TERRIER
THE GREAT DANE
THE HUSKY
THE ROTTWEILER
THE SAINT BERNARD
WOLF HYBRID

DOG MOVIES WORD SEARCH 54

```
E M O H E M O C E I S S A L M W Z A V W
Y E N R U O J E L B I D E R C N I E H T
J A R P H R E T X A B T E V O P F Z Z R
K A H G P K O J U C S L K G M R E K X H
L J P O R L X Z U F C T T A O K D P S L
F X L D O O I R H D J O R A C C M E G I
X H A A Q M C W Z O G T Q S E C P W O P
H W S F X S R D X O E C Z E M W N M D S
T H S O Q E A J V H R M K R H E F Y F O
R I I T L B Q M T O U T B I D V P D O U
C T E R J J H D L R K N T S W F N O E N
M E W A Z H N C E A D E U O V K L G L D
X D W E Z A C L U V G O H T N O P T S E
T O E H Y N L Z A O J S T D L T A U I R
W G S D J E W M D T N W C J T O I L B C
Z H A F Y W X L I I J N H A X X B I W Z
C L G D K T F F T E V W R B S G V P K D
Q K L F Z U O V S V N N O D E N Z M E H N
T O S P A X E G E E U I F P Q I O D U S
G P D H S B J C V S S S V Z V Z M I T I
```

BAXTER   LADY AND THE TRAMP   SOUNDER
BEST IN SHOW   LASSIE   THE INCREDIBLE
                                             JOURNEY
BOLT   LASSIE COME HOME   TOGO
HEART OF A DOG   MY DOG TULIP   WHITE DOG
ISLE OF DOGS   OLD YELLER   WHITE GOD

DOG MOVIES WORD SEARCH 55

```
G Z K U E U S A A F U C I M V Q H E C P
U O D L R O X Q G N A F E T I H W H X G
G W D L D A I M I D U I A H P L A A J W
G F B O F F N E T Z J F W X M K M R L U
F O F D N U O H E H T D N A X O F E H T
Q T D C G L I W W U C D O N X U W W L M
Z Y L S N H H F A C S S D V I P O A N I
H C J Z I F B O M C P G I B O G L Q Z M
O U L R U H I P L Q F Z F K D W E T T Y
B L D A O C D M I I N X R S N I B P P D
N D D E J C I N W I H S R K K A T B L O
V N G S G T U H A Q P S L W T C H G L G
M A Q N T U U O O Y F S H Z Q F G J A S
T Y Z S G T T S W N O J N V G I I H B K
K D L G G X L B O X F B L G N T E K D I
K N S K A G O D D E R J A Q Z A G I D P
U E P J Y E V A E L N A G E M X T U O I
L W G V X W S T E G T I S A D O O G S A
S T E P F O E F I L T E R C E S E H T N
V O L M R X T E I N E E W N E K N A R F
```

A BOY AND HIS DOG
ALPHA
AS GOOD AS IT GETS
DOG
EIGHT BELOW
FRANKENWEENIE
MEGAN LEAVEY
MY DOG SKIP
ODDBALL
RED DOG
SHILOH
THE FOX AND THE HOUND
THE SECRET LIFE OF PETS
WENDY AND LUCY
WHITE FANG

DOG MOVIES WORD SEARCH 56

```
L A F O W V R E A J L R V S A F G D F L
Z N D E T N U H E H T I J N E B U W K N
A I J N E B O I X I A A Z E S P U S D A
F G J D D V J O A E V B J D L R H H Q H
X X A M G N W L D M A I M G D R E L A J
W F J S A I G G S T L P V R D N Z L G R
O X M R R Q B N O X S E X K S R M I G P
Q L A F M D X T A Z G X G L T A H W O P
H M I L K E L D Q F A D N E O N V N D R
K H V D S A N E O D E N W D N K P O E O
A M N S B U C H B G T T H H G D K R S X
M R D M L V F G B Q D A I V L R S I U U
R T I Y A R T S E H T A H H I F V V O W
E D V B T Q A L E C O A Y Q W O T A H O
A R C T I C D O G S J Q A S D J A F E S
Q C D S G O D E U G A L P E H T J M R X
I W K T T T W N C H R C B L R T P O I Q
T D L I W E H T F O L L A C E H T S F H
U Y N A P M O C & R E V I L O Z T N W I
D D E N E V A E H O T O G S G O D L L A
```

ALL DOGS GO TO HEAVEN
ARCTIC DOGS
BALTO
BENJI
BENJI THE HUNTED

DOG DAYS
FIREHOUSE DOG
I AM LEGEND
IRON WILL
MAX

OLIVER & COMPANY
THE CALL OF THE WILD
THE PLAGUE DOGS
THE STRAY
WHITE FANG

DOG SHOWS WORD SEARCH 57

```
A N S T O O D Y B O O C S U C Q V D V Z
I F F P Q S E N O B H S I W D S A O T E
W N C D B S V O E R G W W H M T N G H W
C V F P D M I D U L B U V E U I D W E F
E G K L Q A U N D F Z I Y J N X E H L X
L J J J X P V S X C S E C M N G R I I E
J D U R F D X E C N U J P X W O P S T R
T T I I N S A M Y L X X H R O Z U P T R
D S C O S J H E B A V X O C T U M E L O
H U D D Q E R G I X N G H Z G D P R E T
W A G X I W I K O S H D T E O O D E S C
V R D Z K B P L D S M G P D W O R T E
G X L B A P J V P P Y A K O O F G A H P
A S A M Z Y B K L U W K L N L Q S U O S
K J F Q N E S W G K P H C N Q I K X B N
X O F W J S O S O E T D J U A A A A O I
I T B L W O B Y P P U P N F L X U T U O
B C I M W O V K L X K I G U M Z B G H O
S E U L C S E U L B P I M O O S I T F T
F L H D C Q I M T S C M V C E P R B I P
```

BLUE'S CLUES   DUG DAYS   PUPPY BOWL
BLUEY   INSPECTOR REX   SCOOBY-DOO
DAVEY AND GOLIATH   LASSIE   THE LITTLEST HOBO
DOG WHISPERER   LUCKY DOG   VANDERPUMP DOGS
DOGTOWN   POUND PUPPIES   WISHBONE

DOG CHARITIES WORD SEARCH 58

```
S W S W K A R M P Q L A Z M D C U Z W Q
L S G E F D E F I N A A Q Z O B N X U H
W Q T N U . E S H J L F S B G I I U D O
F H S B R E N L P E A V F A S G F W N B
C M U K K . V A R U Q L E O W D R R I Q
A T R K I L W M F G U W N O I O O J H P
N N T Q D . L I A A A V C Q T G H T E E
I E S I R T U N R E A T E E H R L N B X
N V G B E . X A Q L N W S F O A D E S T
E A O R S A I F T S I W F G U N M M W S
E H D P C . A O X D M X O F T C T E A P
S G M B U R L S T N A C R L B H R C P U
T O E P E E A D F E L I F Q O R I A O B
A D W Q D S J N R I R W I V R E X L N G
T D E F P C X E A R E U D O D S J P E E
E L O C Z U J I O F F Z O Q E C F S V X
S O A D V E X R B B U M B K R U Z W A K
A   U H G   S F G M G T U B S E Q A E X
T O C Q G M Q O G U E Q Z L M R U P L I
U B V Z F W Q D B D S R T L P K T F D N
```

ALAQUA ANIMAL REFUGE   D.E.L.T.A. RESCUE   FRIENDS OF ANIMALS

ARF   DOGS TRUST   FURKID RESCUE

ASPCA   DOGS WITHOUT BORDERS   LEAVE NO PAWS BEHIND

BIG DOG RANCH RESCUE   DUMB FRIENDS LEAGUE   OLD DOG HAVEN

CANINE ESTATES   FENCES FOR FIDO   PAWS PLACEMENT

DOG ATTRIBUTES WORD SEARCH 59

```
N O I S S E R G G A T N A N I M O D L G
P T V E C A U E N P D P E B Z N X X F W
Z Q K P P O Z W A N D E R L U S T K R J
D I U A A K N J E A P H G I U Z C J I S
L L D R D D F F K R D P P N O K Q K S S
B I E A J H V X I O C U H D C D Q R B E
W S M T H Z C H L D X E V E W T T S E N
V I A I Z O Q T N F E P R P S N N U E E
S L N O J G M O E Z S N N E H N C C O V
A A D N E U E L V Q I G T N U T O V R I
N Y I A V O N E I W V R K D H V D S I S
H O N N I F E R T L N D Q E R X I L E S
I L G X T H R A C S T N A N I M O D N E
M X T I I N G N E S X X X T H O A O T S
C S R E S E E T T O M H W B E D X Z E S
G F H T N Q T W O T I V M I X W J I D O
Z Q S Y E C I U R G C N M A Z H D B T P
U J V O S F C S P Q C Q F Q T K D W I K
E X T R E M E L Y T R A I N A B L E J M
A T X L S S N Q R M J R N D Z L X K M C
```

CONFIDENT	EXTREMELY TRAINABLE	PROTECTIVE
DEMANDING	FRISBEE ORIENTED	SENSITIVE
DOMINANT	INDEPENDENT	SEPARATION ANXIETY
DOMINANT AGGRESSION	LOYAL	TOLERANT
ENERGETIC	POSSESSIVENESS	WANDERLUST

CAT BREEDS WORD SEARCH 60

```
C A M T X V N J G U S F G F H O L P C K
W S B N D F A U U J F A I O L E U Z U M
T I M A R C I P P U G Q H K A W O A G V
D A Q I U H N F M W U O W E L V H J E Z
C N G G U T I A M E R I C A N C U R L O
A K K E K M S H M Q D L E G H K R B K N
U G M T C D S Q N R Z X A O G O O P T I
S B R I O R Y Z F T F Z V E L U V M C B
T J M D K H B R A U R W G A G C B C W M
R A G O E V A J G T S V G M Q E G Q B A
A N W R Q S N N U S R N S M Z S A O L B
L R H H H Q Q B G A E M X L L W I N W C
I O K P H V E D G B F B A L I N E S E X
A D D A A R A B I A N M A U C C J W L K
N T R I A H T R O H S N A C I R E M A J
M I J A M E R I C A N R I N G T A I L N
I A M E R I C A N W I R E H A I R T H F
S W R I A H G N O L I M E S N A I S A V
T L I A T B O B N A C I R E M A F E X E
U Q H R B L G V H L B O W Q L F N F A A
```

ABYSSINIAN   AMERICAN SHORTHAIR   ASIAN SEMI-LONGHAIR
AEGEAN   AMERICAN WIREHAIR   AUSTRALIAN MIST
AMERICAN BOBTAIL   APHRODITE GIANT   BALINESE
AMERICAN CURL   ARABIAN MAU   BAMBINO
AMERICAN RINGTAIL   ASIAN   BENGAL

CAT BREEDS WORD SEARCH 61

```
P S D W O O Z E I X H O Z P F W D V X U
L B J X K A U H G R F T O U Q W S L B P
F I U O F F N S X U E R T R A H C T Z Z
V H J K N Z O K I Z A G J U F Z D T T L
F G B B X L K O J V P K U G A A D D T A
P U M U U K R X E R N O V E D K V R I E
C A L I F O R N I A S P A N G L E D A Q
W A F M W N A M R I B X V W E L M O J E
R I A H T R O H S T N I O P R O L O C Q
I C Y A B M O B J E Z Z J M D O X L E S
I Q R M J A N D S L X R Z C J I N G O P
K R A P K C B U R M I L L A F T Z X T U
S B P B R I T I S H L O N G H A I R G K
H P R I A H T R O H S N A I L I Z A R B
C L X G M R C Y P R U S U R E H J V R L
O R I A H T R O H S H S I T I R B Q R Q
F A W A A C C I U B X E R H S I N R O C
E X E I S U A H C C I F Z A H G R Z U M
G O W Y N A F F I T Y L L I T N A H C T
C B D X C Z K Z K B I J B U R M E S E T
```

BIRMAN BURMESE CHAUSIE
BOMBAY BURMILLA COLORPOINT
SHORTHAIR

BRAZILIAN SHORTHAIR CALIFORNIA CORNISH REX
SPANGLED

BRITISH LONGHAIR CHANTILLY-TIFFANY CYPRUS
BRITISH SHORTHAIR CHARTREUX DEVON REX

CAT BREEDS WORD SEARCH 62

```
D S D R A G O N L I   O R E P P N D B F
K D U A M N A I T P Y G E D J A K Z F S
W E X O T I C S H O R T H A I R J E E D
R E D N A L H G I H D O U S C A I X C Z
C O T A E J G K R Q W O R N P N E H M Z
B S O O N F Z Z K Q D E N A F R I A J R
Q W A F O M W U F V P O N W N N E X T O
G H E L Q I B L A T E E N A E X Z J M H
C H D X C S E D N N S H M S J Q D U R N
V E I R L W X I O E Z R E B P O Z N N A
X G S D D J O C B S E L U S N H P Z R Y
L J F I E P K O U G I W A S X U Y W X A
F W I L R M B O J H E R K I C J E N Z L
Z N Q O H T D Z U L E O S K M N Z J X A
A N L R A P H A F U Y Z P V L L T T F M
S O H I Q F P X A   K P N K V F S U E I
C U L I F X B N O E C H F H R I K C O H
X I C C C R J R F Z M T B L N P U P X S
A P E U R O P E A N S H O R T H A I R Q
L E H A V A N A B R O W N Q X O L B Z Q
```

CHINESE LI HUA
COLORPOINT PERSIAN
DON SPHYNX
DONSKOY OR
DRAGON LI OR

DWELF
EGYPTIAN MAU
EUROPEAN SHORTHAIR
EXOTIC SHORTHAIR
FOLDEX

GERMAN REX
HAVANA BROWN
HIGHLANDER
HIMALAYAN OR
JAPANESE BOBTAIL

CAT BREEDS WORD SEARCH 63

```
R L G B K O M R E P A L X D J C G D D Q
O I S M E K O N G B O B T A I L K G A N
  A O V M N Q E L I Q S Q K H B E F X M
L T M V V H T J R G R Z E M R Q M X H K
I B V C L I A T B O B N A E R O K O O C
A O U X L A M B K I N Z D I O D K R X K
T B T U X F B L O F F Q T K W E N K N D
B S C M U G B Q Z G E R U M O J R H A B
O D N C A S T C B N U T O W A K C A S Z
B N C N M L X H I P N T O Z G O R O U I
N A U B V P R K W I N A A N A K Q M T A
A L A G K X S E R F M Z K C F X S A C X
I S T K O N V C T W I I Q T N D Z N J J
L I K P I X X V C O N V V A U Q N E T Q
I L M M C N Q G K K A I E R C O H E L Z
R I U N E A N Y A P Q T U O V P C U V T
U R X P D M L L J S Q P Z K D G B I P C
K U R G U Z O S N H R H H Q Q B G A M X
E K L W L W D C M A I N E C O O N P A X
S K Q F C K T B P P G V K J R G A H M S
```

KANAANI	KORN JA	LYKOI
KHAO MANEE	KURIL ISLANDS BOBTAIL	MAINE COON
KINKALOW	KURILIAN BOBTAIL OR	MANX
KORAT	LAMBKIN	MEKONG BOBTAIL
KOREAN BOBTAIL	LAPERM	MINSKIN

CAT BREEDS WORD SEARCH 64

```
R S V O F Z C A O P I W H T E G C F V O
I O P E R S I A N G C N X G E T T P M R
A B L T N P S L Q M J A E B R U N R D I
H   F X I I O L K N M R V O V I N I X E
G N Z E K X D S E J O T L V P U D I L N
N I A Q H I X V V G E O D T V N B Q M T
O F M E C E M U E H C W A F A P P R P A
L F H S N B E U N I T C C G E Q P Q F L
L U Z F U O K D B M I O N T X K K V Z S
A M Q I M B B L L C J U E E R Q A F H H
T A C Z L O A S O O L R R J B A T P X O
N G P F D T J K S E B N A Q X W L C V R
E A V B N H N A B A O M J F L I Z P C T
I R G E D E Z E L G H H B C E J H E N H
R F I Z I U N D E Z O X X B V V V J U A
O R E M L U B R X C R S L N N U S W T I
O M K E J D O L D X X I I V G F M V W R
B X S M E T U E H W N N A K A X U S E J
W E C Q C M F Q I G C A P K S R T L T X
L N O R W E G I A N F O R E S T C A T F
```

LIEBLING	OCICAT	ORIENTAL SHORTHAIR
MINUET	OJOS AZULES	PERSIAN
MUNCHKIN	OREGON REX	PETERBALD
NEBELUNG	ORIENTAL BICOLOR	PIXIE-BOB
NORWEGIAN FOREST CAT	ORIENTAL LONGHAIR	RAGAMUFFIN

CAT BREEDS WORD SEARCH 65

```
D L C W J V H U J X P E V M R C Q P R G
N Q V X H J Q M F C E Q P O Z W S O H I
V E A W S F X L X I J R N H L Q R G J W
E M V U H X C D S L T N K I W S J E L M
S Z E A O H A Q X L H E Z R K E U D V R
I F S R M T M E M O F B G L I L N E S K
B N C U L A S K S D X K P N B K O H Z A
E U O S S D S Q C G E P I N E I L E T L
R Q T S A R B Q L A E M A W Q R O E Z J
I L T I M O A I U R U I X V Q K E U S A
A G I A S E E A F E S F V Q X R I S Q R
N M S N A X U J S S R H D E A Z X O C U
K M H W W S O P U I I A Q O S W U T F P
O Q F H E H U R T O G G D J M J I Q B A
R F O I T P R D O N M U V E F I K Z T G
E T L T J J N G W S I A M E S E   V I N
S H D E S E R R A D E P E T I T R A I I
Z T A C T S E R O F N A I R E B I S S S
C O K H C Q U T R X H Q O P V J F X R I
K L H B V H H H A H A N N A V A S R A O
```

NEVA MASQUERADE   SAM SAWET   SERRADE PETIT
RAAS   SAVANNAH   SIAMESE
RAGDOLL   SCOTTISH FOLD   SIBERIAN FOREST CAT
RUSSIAN BLUE   SELKIRK REX   SIBERIAN OR
RUSSIAN WHITE   SERENGETI   SINGAPURA

CAT BREEDS WORD SEARCH 66

```
S A T S Q O O N S Q C Z F C N K Q F A A
A N K A U B I R F M Z D F H S C Z B T K
Y Q O R A P O I U J U M T Z R C O W V H
O I M W W M H P O N O W S I J B W V F U
R K S A S R N A E V A S Z T Y R T V K D
K T G I R H E E L V J E E O A P I C S G
C O N O D O O J I A L Z T T T O Z I R S
H N Q C F E G E A H K X O I M M S A Z
O K G K X D K N B Q C X R F Q G B W P S
C I R Q W T N N A W E I N E T P M O P Q
O N F J B G U I A H Q D W B G G F H J Q
L E T X P U U R L V S A T D O Y Y N Q D
A S C D I A K R K A H I F M D N O Z G O
T E O U F N L E O I M S K X X E L T V K
E C R P Z X K S J   S O I R B D P V B R
U U S B H O Z C D O I H S K U L B A N X
X W L C K L P C D A R A V S R T V B Q C
C X V O U M G N W N D C H A H U U Q P W
M A S F I M E G F B Z W F T N D T S D B
J E F O W Y O K V E L N A I N I A R K U
```

SNOWSHOE   THAI OR   TURKISH VAN
SOKOKE   TONKINESE   TURKISH VANKEDISI
SOMALI   TOYBOB   UKRAINIAN LEVKOY
SPHYNX   TOYGER   WICHIEN MAAT
SUPHALAK   TURKISH ANGORA   YORK CHOCOLATE

BOY CAT NAMES WORD SEARCH 67

```
M R I Q N A S V Z O C I N N F O Q L A A
M L R K W O X B X N N S S T Z C U M Q U
K O W V A G D O T E Q N C M M L M R N B
F N X A J A C S X I W X A T G F J M H I
P U F N Q D O A S M S U V T D I W Q L F
K N M F N O A M B U K E P R T J L J B Q
M X D R O O C C M T T W M Q I I L Q N
W B Z G R T N B I O O S P A R J C R V Z
W W B T V I M V C R Z N U E J L N U W K
S A L T A W Q U W A E V C G C F Z D S J
L R E H S A L E D C C M M W U G T C O Z
W P Z C I V L M A A W W A W E A J M O X
E W X W K Z I K P B A Z S E L L I H C A
Q I S G B R Q G B J V W D C F O E O G W
H B X K A R D B T N P A K L S P H I L R
X I J L R G O K U O D F R U I U B C G R
H L B V L U U P S T J A O A C B X R T U
P A B B O U G O L H R M G M O L L O P A
P P H H J N C T U S F S L S L A W J G T
X O C Q X P Q I P A I N A M R A T Q F W
```

ACE	AMERICA	ASHER
ACHILLES	AMES	ASHTON
ADMIRAL	APOLLO	ATLAS
AJAX	ARLO	ATTICUS
ALIBI	ARMANI	AUGUSTUS

BOY CAT NAMES WORD SEARCH 68

```
E O O V G C M N N X O U A B E N M B L B
L W C O Z B Z N N S S D U A C U L M O Q
U K N O X H M D P S B T W L P I M N F P
E K O K B A B Q R D T O N R Z V U G L F
J G R G B O A O I E Z A I Z I R N O H K
Q L B M O L I Q R T E R A K B H C J R X
O O A K D A L S K B R R H V B F H R X B
U B E J T R C R K O D A O B E T W E M Z
A R R W B O S C N Z G O L A G Z L T M L
W N J A T O A N G A I U X A V R A X H I
R B N C V L B O S A E P E D M F C A Q U
R G H A B I V A J Q B A I L E Y U B T Q
E L R Z S C P M R S F N M F L U E E Y I
Q B T X B D I J N O N O B B V Z L R O G
W B C R M O M V R T N K U E J H R K S Z
N W S S V A N P B M Q D U X H A X P L D
Z H P V G D L S G P D B C H B H D D F K
C P F O R E E M A Y P S W E W H T I W K
R B S W V X Q N J I C X O F F K K A U X
K D W V B J N M Z F Q O T D H F Z D V C
```

BAILEY	BLACK BEAN	BRAVO
BAM-BAM	BLIZZARD	BRONCO
BARON	BLUE	BRUNO
BARRY	BONSAI	BUDDY
BAXTER	BOOKER	BUTTERSCOTCH

BOY CAT NAMES WORD SEARCH 69

```
M I R A B A C L D B P N Q F I T W P U G
P R E D W O H C A K X F B C O M O E P L
U K S R K E F B L L U S V J B M R A S X
A R E P O O C B F K C K K F T V C Q R A
D Z N B N L P J I S J X X Z O T F Q V D
E M C N T Q J O M S C Z K J U L T G G I
L J L L R A C H C E J D H D I P U C S J
C D E B R Q T H C Y X E R E Z X C N P K
I P T S R T E I M Z R F C O T A B O B Z
G W I E V S L G U S S U I A R K M J W B
M A S C T I B Q W C P E S N S S T Q D W
Q F V E B X R F P P N C Y Z O H B G K A
R H R K I X L I Q X V B A C H C E M V J
O P H O I K D B V R L J X J B Q M W F D
C Q L P M F H Q K O C O M E T L C J R D
O K D P M W K T C T S H O H L P W D N Q
C I Z D P G E I K J L F L F M F T F Z X
A P A O B C C E D A R R G C N I L F T B
O R T I E T Z V R V W W D X I W W I N M
Q L P F X M M V J L S C I X A K L F W Z
```

CAP	CHESTER	COMO
CARL	CHOWDER	COOPER
CASHEW	CLETIS	COSMO
CECIL	COLBY	CUPID
CEDAR	COMET	CYRUS

BOY CAT NAMES WORD SEARCH 70

```
N O C D O U G L A S P B A N E E A H L S
D L J M I B K M U A O G E I D W N J M C
M B G D I X F L A A S W H G P F O Z T M
P A C E A H S I L K Z K H P C L T F G I
X I V X C A G S U Z A U Q Q S W Y S H A
D D C P Z M N V F U A R S T R D A S T Z
O X U F I N M L E A R L K O D A D R B Q
C R D P L N T L Z N D I J E G F P U M E
C Q E T G T S J T A J N N D E X T E R T
J O W O L N A N X R V I M V G P R B E E
F N E D E K E L F W M Z S Q S A L E M O
G J Y K V V D U I H N W C X W M B D F S
A R U A Q R W K H K L U X F R L M I J C
C D K U V Z D B B L V W U P R F Q E F P
E V R W O S H X Q Q P T M O W K K S V K
C B N E Z D R Z U D N N V Q R L M E A J
I I G L V P H M X L O V V F J U B L G G
V M H K Z N T T G G V E K D I W R L R T
T I T F U H E B V N E F Q U X D U I A V
D D H L S G P D E D D K I Z D M X L W L
```

DAX   DEWEY   DOC
DAYTONA   DEXTER   DOUGLAS
DENIM   DIABLO   DUKE
DENVER   DIEGO   EARL
DEVON   DIESEL   EAST

BOY CAT NAMES WORD SEARCH 71

```
K Z Q G K B R X C E N J G X E A E V S M
T I D K K G G W V I S U M A S O M L E A
E Z W N M L B V Z W P Z E L F G T G L H
E T I C G U F P E C U M L U W U O D H X
P G J A V R D H C O E B N Z S G B G E M
F K A Z B W L H H O B O W E R X T R U A
K F A N D A N G O O E Q R A M Z T H M E
D B S K V S O H B G D L F Z X A O C O S
H Z S S E L N Z J O O E A B W F I R T P
M V M Z P H P U A A O I D R E U L C D R
T H D E N Z O U O Z W H V D C U L T O E
X G C J F W F Z W L Z E L I F E E K S
P I E Q O C T G U O E V E X L E G S C S
L X N K L X V K S I S L Y E J Z P C W O
L V Z M M W T R F E X Q O G G E P H S B
J O U J O U S B E O B C R D H D J E J E
G G R W Z Q C G B M R O E J S T I R M O
Z X C R E Z S R A A L P N G X J N C S Q
D U L D E E H D U O S E J P U I V U N A
M E D G A R S N C F P Q T Q V P Q M O I
```

ECHO	ELLIOT	ERROL
EDDIE	ELMER	ESCHER
EDGAR	ELMO	ESPRESSO
EEYORE	ELWOOD	FANDANGO
ELF	ENZO	FARGO

BOY CAT NAMES WORD SEARCH 72

```
B I S G N D A O J Q B K P B G C U C D F
J F K A Q D R S F R B X N R J Z K T A I
X X K B B U G O R X S F R E C K L E S O
G Z F R P P X X A V E K A X L H R Z D B
L V L I F S W I N R P D N U M N U P T G
I Q Y E G R A T K Z V D C W N V A O D N
S V N L Q H F Z I C L T F C U J V I W A
Q M N C S L R P E U O I G E Q F M D S G
D N L H U O O I L H S K Z N P L K W E E
C H V H O K S H S H I V A U N A O M B N
W Z O J Q W T U E P R D S C O S D F A N
E P B V I Q I R O W P T F D C H O B M I
X U C U P E H C D F O N Z I E E R A Z F
G C O M G T S L T S X I I A Z A F U L E
A T T D A I L K A J O C C K A I F T V F
Z I U H R S K L M K E M T D Z H B I P R
M F J F R C U S X I L E F P Z D Q R P E
B M S B F C U T E G E B S X N N C K L D
O T U J E H D R Q F E M Q M I A J S S V
Q Q P C R H M Z F O T A B B Z G G W N V
```

FELIX	FONZIE	FRODO
FINNEGAN	FRANKIE	FROST
FISHER	FRECKLES	FUDGE
FLASH	FRED	GABRIEL
FLYNN	FRISCO	GANDHI

BOY CAT NAMES WORD SEARCH 73

```
F C F G H S H M S G G I I I B E U V J I
I X Z J D Y D M V I H A D E S D X K W V
X R Q S A B D D Z Z O W J T T D U P M T
B M P I D M W T R M G Q L P I D C U O U
F J C O X U F C G O F Z Q K N B R G Q S
T G E L P G B N C M Z U A T A V V A Y A
I A C W H F X T O X Q E X D S U D R K D
F S O E Q A M Z H O F X X B G K A D J I
L T S G Q Q B D B I N B C Z Q G S F U R
O O H Z S J S M K D L S L U M G F N O G
D N Z T B S H O V K Z U I L R V B E P A
N N I H S F Z A T C G O Q O V S Q G J H
A S P E T O Q A P B H A M B R T X R T K
G E R Q D F H T P C P I R X B W I O O X
K H C T I L G G U I T S Z F G U X E E M
L L K P Z O B O W H N E G R I U O G A G
V D L C L K R Z U E J A K I A E O Q U K
N T B U T G C T X E D Q A N P W L Y G W
R Z N E J L P D C J Q M O P T J A D W K
G R S C W D P J W M G O D Z I L L A F V
```

GANDOLF	GHOST	GROUCHO
GARFIELD	GIZMO	GUMBY
GARY	GLITCH	GUY
GASTON	GODZILLA	HADES
GEORGE	GROMIT	HAGRID

BOY CAT NAMES WORD SEARCH 74

```
A J R Y E U H Q R D K H R X K B M U L O
X D I C Q P H O M E R E E N I C Z E U U
H R X C R S U P F B T H A N I B N C P R
T A K Q P W E T V N D I P R R O I G Q V
X W Z J I Z V T U P E E F E T Y C S A D
B O Z M A J A H J N F A L L H B F L X W
I H L G L J E H H F C F I G N P X U W E
N I X J I F K U I T D M V G D L O R A H
I X U C N P I L Z W A G N A G J W I R T
D D K C L X C Z O H A J A J Y E L R A H
U I R I P H J N C K R Q B W M Q J Z J U Z
O M H D T V J X A S Q L R N A R H T M V
H G X A U C N P I Z B G O V R K C Q I H
R T E H Z U C C B B T T D O Q K O P E E
R H L A L Z Z G J Q R D J H J U W Z M R
H D V R Z P Z S Q O K R A R T T I T S M
U N W R I H L N H P H S P L W F D K N E
X Q S Y R O H N B I J S C P M J P C Z S
G G Z Q Z I W O P Z J K V F E W O U C U
Q T J B N C A D T P N Q R T L U P M F B
```

HAMILTON	HENRY	HOWARD
HARLEY	HERMES	HUEY
HAROLD	HOMER	HUNTER
HARRY	HORTON	IAN
HEATHCLIFF	HOUDINI	IBIS

BOY CAT NAMES WORD SEARCH 75

```
V W C F N R C M N A F F H C C B T D X O
L V Q G M S S X X Z O S F C V J M T R Q
M J G B J P U I V U N A C J H I E A F E
K N Y G E V W S F D H L W E S E M T O I
M P A T K B S R A X O K V A I F I R O D
W V G F T M C O W S K Z A I A S O A W N
V Q A O O I C G M S G C P K C L B T J I
A V N I N A B I W T A N F F Q E T R M J
E T A C A F O Y U B Q R M K O M Z E O T
L X I O N G P U T R Q S H U W G K A X P
L D D N C B P L G T T E S Y M N A U F F
C A N E I J I C J N I S K U U I S B K P
S A I H Q D S N N W U N W K E V I W J I
F Q W O E E I C Q C I A C N I R N N G W
W O H S Z H K Q G D W O S E N I A N P F
T I J A C K S O N X B Z N O D V E U H A
J J T J U Q P G W B G Q X Z I F B S W V
X Q N J P X P F A R A A Z O G N U Z M L
I T A L I C S J D L T S E H O W R H P D
N V Q Y G G I Q L M C O S L V A O W E G
```

ICE   INDIE   ITALICS
ICON   INDIGO   ITTY BITTY
IGGY   INKY   IVAN
IGOR   IRVING   JABBOCK
INDIANA   ISAAC   JACKSON

BOY CAT NAMES WORD SEARCH 76

```
U P U V H I E G Z J D D M V L R U M F H
B O B K K W H O G D Q M A S C D X T Q G
B H P U W V U A M O Y N E N E X Q A G
E V W R E T I P U J F F B Q T S E A U R
A T T L F W O N R D Q F P L J E E D J L
S D X F I V M R K E T H H S O H U N P L
D E S R E T S E J B D K W T J C S F O O
U W U F G X J S S H X D J Z U T C C N J
R Z B Q G U Q A E X C Q S O O N M Q H R
K U Z B C J B V S M C M D B E P J H I R
I F T F N A M W B P A Q L Z P Y O T E J
S B J W U O J U R J E J G F P C K P J F
X L V G G V M Z K I F R V M P B E E Z C
P R G P A I B W E A C H Q B E A R V K B
X M J Z R N G D C I M H V K T P E B X H
Q C K O E U R L P C C R V Q G K I J Z D
E I B Q G A R A L M K E C O M E T L T C
F N N N M C V U Q N N I Z J G M A S J H
I Q T D K A B E B N J U L I U S F T V H
Z N O K J U G A S E V E E J J J T J T Z
```

COLBY	JAVA	JOEY
COMET	JAX	JOKER
JACQUES	JEEVES	JONES
JAMES	JESTER	JULIUS
JASPER	JET	JUPITER

GIRLS CAT NAMES WORD SEARCH 77

```
K U Z A R A O S B R V I O L E T H A Z G
G B D R M N W O G A K W   N R K J A L S
T B R H P N A A O M F N V W N K H G C X
S A B J G O J I U D N V E W F A W F Z D
P G U K H N A I N I F J A V R G L G I H
J R B D D C H B U E R M X A U S J A Z O
O B S G A L J Q E X X T E B U M X T C O
W F S W I L E Y L V S E L O R A L V D C
O C E V D K J K O S P M L Q A P X K J Z
L P H E B B Q Z C E O R F U E N R V M F
L O C K D Z U G R N S L T F W O X M M M
I P U M F I I S R J X G B Q F C W A J R
Z M D N D W E O N M W S U X V U I U F W
W A V Y Y P E G I J A N G G I R Q R Z J
A W Z N H B A M U J E Z C H D X C V D T
F H C O Z K Z A N L V R U N O N O V F L
D M N C A M E K J K P A A L B A R V A S
R E B B F W J C N X B X C P O T A B W Z
A X K Z S J L S T T R H P N Z O L A F V
W K G C X S A B R P I H B S T L Z D G H
```

CORAL   PERSEPHONE   XANDRIA
DUCHESS   QUINN   XENIA
ELORA   VIOLET   ZAHARA
MONROE   WAVY   ZARA
NALA   WILEY   ZILLOW

GIRLS CAT NAMES WORD SEARCH 78

```
E H V E P G G S E G I Q T N V C X M U N
J K U E P C W I I K M E F E J A O H U I
L A M N K O W B Q R B V R N N S B A K W
B J D Z H O R Q D J W J W T L J Z O J E
P U O P B I S T W W P P H G J A C L C
I F Z J G W H Q I O B I J K A K K U F R
G I T A L Y E H T A P D U E R T D X T E
Q G B H P U I V M P P T N B A X H Q T T
V V A W J C N V E Y E R I Q M F J M C N
L B R A C D P A L O I C P B O C M Z X I
Z T K P V C A R R M K P E H I G R F A W
F I F N Z V E S I A L K R Q X B A O N W
P P N A B V N B V T Y I C N Z N V P A J
S T K T E K G E E A L T L M A U A W D Z
D H F P J C N W V K Q P V I M D N E U Q
K U W N C O W E X E T S L N M E A M A C
Q Z P Q L C U W Z F L I V C P V J R U M
M U N O B L E D U V H E I N M U B K P K
S E R X G S V X N F C A L Y P S O R H Q
H G S D Z N K B R B C V S P Z H E L W B
```

BOWIE   ITALY   WINTER
CALYPSO   JUNIPER   XANADU
ELEVEN   NOBLE   XANTHIPPE
EVERLY   PORTIA   XIOMARA
ILIANA   PRADA   YARA

GIRLS CAT NAMES WORD SEARCH 79

```
I Z V I C R N G F Z P H X V B N X F D F
W W L C L Z K I N D I G L L I X A C O P
S D H R F A T P F W A I A F J R X D M U
V G O C N F R G B V M V V X O M F T I J
X G B G B D P V O H A G S Z U Q A M H U
M J A F L U V D C L F W A V L I K K F T
V C R H T K M O E A L K M G Z G U X E O
M R D F U X H N W H X Q M E J F Q V T C
L Z B X B U T N F U L U K I H G X M G A
O G Z P W I R V G K O A T R J A M G S I
Q O Z Z N D L C H I I Y Z I N A F A V I
D Z P E P P M D L Y R L A A K G Z N P A
W H U J T A V L D A A E D R T R K U T K
U B T S Q P Q M Q B T K I P U Z Z Y H H
T H O K N P G G I N N Q E R B D D S W C
H B A R O R Y G U V O M C P X Q N I A S
L K V A V B Z O I L V B P W K N E K R Q
A U R S U L A C U B T C H G Q V G R O H
B Z H H T H O Q I P M D A L A G O N Z Q
E X K N R P N A G U A N E H T A V N P P
```

ATHENA	KISYUNA	UKIYA
BIJOU	ONTARIO	URSULA
FAWN	PRAIRIE	VALENTINE
GALA	QUAYLE	ZADIE
KANGA	RORY	ZORA

GIRLS CAT NAMES WORD SEARCH 80

```
X T O J W L J A O K O J V E A H Q D Z K
E P P Q V K M Z Z E Q J P X T M E K M
N F H M S L A L K X I D P O Q L U Q E R
A X L Z H G D A R Z G I Z W C N J X Z G
C T X N X R E P V Q P K I A S D J U X F
O G J D E L L L F Q M U R O Z X G W G M
E V D R W N E L K F Q D K G C K N J A Z
J U M O L Q K W U L I M I I H P W L R X
K Q Z E N I M S A Y Q K T T E L R A C S
S E X B R R Q E N K A T E J S E L A E Q
M I J T C U I P X G N F O M R J W X K E
I K O Q K N B H B R T T J F J C W W X B
C P O T B W Z A A X W I K S V K D B A B
C T E O X L L V A N S A T A D U V Q V X
O J G A V O R N C J N N F R D K O S A L
Q A E X K V A Z B F W A R C P K D R O N
G X F K D I I H P X P R R A H A L L E H
X N D T R R R B T E B Q M A F T C F I B
F L D A V P Q H C W Z Q F Z N F W B V U
Q P U O A M O Z Z I L P U D O U B Q E L
```

ADELE	KATE	SCARLETT
ARIANA	LEXI	TIANA
AVA	LIZZO	UNA
CARDI	PIPPA	XENA
HALLE	RIHANNA	YASMINE

GIRLS CAT NAMES WORD SEARCH 81

```
A Z F K F Q R B P V X D K F A S D B Z Q
Z S E L E N A P I Q D C U O Q F V S X V
K X A F D X E U V L A U I C M X G B B S
S D X K I E V I W G L I U Q J W E J Z
W W G C N L W P A O H I S C Q S L N Z R
E J H J T A D G F H R R E H U F P H F V
C F M V Z G Y I A R M P I K A Z X E O E
G Z S A D D A I I I G M L U M A G P E V
M D X T A N I G R R B A D P J J M C W P
A R H L G G S Z C P G R P J F R N A F Z
L N L S L C P X L M Q I A N P O W W B J
Q F I T R A M M E C M A C J Y G E H S E
Z H X L V K G I N N O H R E U L I V   M
Z V R U E T O X S L C I B T S C T O Z S
H M S W I G K J I X E R R L C K K B T N
V F U H H I N D R P B R Z U J O L S T B
R H W O A B F A T L M I P Q Y O J L C X
E V A L B R O S N W J A N E K E K P S L
C J E U U P P U E K A L B W L I X J V Q
K X S L S G V O P B N M H B T J A U Q B
```

ANGELINA	EMMA	MARIAH
BEYONCE	EVA	OPRAH
BILLIE	GAL	PRIYANKA
BLAKE	HICCUP	SELENA
DUA	LADY GAGA	YOKO

GIRLS CAT NAMES WORD SEARCH 82

```
Z V M H O S D B F M Q N A L N R H B E M
Z T N I E J M O N K E Y X W A Z A T R X
S M U C V G C C F K O B M N N X M L K X
C N M C C W L J I X Z S F L G L O T Z
I N S U I I L M X O M D L B T R J I Z S
F U V P O E U R P Y M R A Q K R L P O S
F K X A T J W I W O X C L K A L T P S E
X D R Q O M P O O Y M N D B H C D E V M
K J D P T U I Z K U F K U X H S K R N A
U U X X P C D C L L C G W Y A P U B A M
B V N A P H Q A N E S M K I Q A U B K A
W O L D S B A T E Y W A C P H Z S N A G
I X V X G A X C Y J N X X P E P P A G B
T G E N D T I I F M U A Q E D G C Q L M
K S V F Q G O T F E E I Q E W X Z S W I
V F G A H S V T A X O S Q F I U J A M U
N R D V W L X K D T H R A G G U M A A R
C X C U Q Z B S N L N B M R X F F Q Z M
S U J K A T I E P U R R Y V G I F C U S
G L U X H T A Y L O R J S C I T L E L R
```

BABUSHKA	HICCUP	TOTO
BUGSY	KATIE PURRY	UMA
DAFFY	MONKEY	YIPPEE
EWOK	TAYLOR	YO YO
HEDWIG	TIC TAC	ZIPPER

GIRLS CAT NAMES WORD SEARCH 83

```
V G J M Z L I W D M Q U E E N I E U C K
K B E D F G E M I W I I W P Q J M P K C
B V Q V X Z V I K N C B A U A J V U H C
X G G M H S V H D V A N T X N T B T T D
T S X J B M T I B L T Z O N J J O L B D
V Z X A E T G U G H E D N L E M U X J O
C G B V N O N O E N S V U U H C X P U L
O V N W D R Q R W B S F B C F B S G R O
A E B E S H Z D A L T E N J H F J A H Y
D I W C E R J L L T B R J I P E L L A W
L T J V B D M Z I P T A N G L N S G K T
M W E A A I W Y O U R H I G H N E S S N
P B D I B V I P J M W J H B X V Q G G W
O V W N K A R S F D L J I P M G N H S H
X I V E W R K S V Q I R R N G V U K Z T
S R C X S B J X R Z D M M D W L N F Q N
G E T I N N F F Q I T F E F Z Z B R C F
S G U V P F R T E K E I M O S H U M B L
C I U O O E C Z Q F B C R K M X D C E I
F T S A R A Z K A R M A O V R N R U S J
```

BABS	KARMA	VIXEN
BIRDIE	PANTHER	YOLO
DIVA	QUEENIE	YOUR HIGHNESS
DUCHESS	RITZ	ZEN
INDIGO	TIGER	ZIPTANG

GIRLS CAT NAMES WORD SEARCH 84

```
F Q U O X P I C B A C E C D V M R S B V
P R E F L E F Q M J T S B I O R P D E V
U Z L X O R L T M K W U K L C Q B N K J
Q X I B C V V Q U R M D K D N U C J A K
D G P X L O J O W O I R E A A Z V W L N
B S N O W V T G G H D A B E L A K R F B
V U Z M G X X T T T G Z H S B H R L W X
R L A C E Y K L O R L Z K N U A C P O K
A M E H D M Z W L N Z I W J X R I S N L
G J J K E V G U D U K L D S L H T M S C
U B F E U K X C E L A B X U R G L P N P
S T X R H N B P E M A S H L A U R E I K
F O Y L I L M Z J H L P T W E L V P A K
D K M I C C D W P X R V O E P F E T A Z
G O I E O W Z F I T T J A U R E B U K D
P A L L A C U E D U O L C B U M K W O A
W N A D V X E W X H S P B A C U F D K I
F A M U P O R X X I F C Q K U F P L N S
P T D N X H C B G A F M U V T T H O E Y
A V N A W U L O J J X J Q M I B W V Q U
```

ASTER	COTTON	PEARL
BLANCO	DAISY	PUMA
BLIZZARD	LACEY	SNOW
CALLA	LILY	SNOWFLAKE
CLOUD	OPAL	SUGAR

GIRLS CAT NAMES WORD SEARCH 85

```
A A F W J K W C T A O R E N Z E D V Z K
M D M M E H W V I J X A F R X D Z Q G S
E E I Z P F V E S K Z V K S R A X I L H
O C N N F I L I E K B P S H A D O W Q C
I O S O K Q S G Q B N Q X B W J U F N B
Q C D T Y R P Z S I X N F H H Q T N R
K S T Q T R N P H S B Z W V Q Q K X M N
J C T R F A C F P H F I Z F O D R B R J
V G K R W V U E K H W G E J L R L H D T
V K U W D E X C G C Q L E M   P K E P H
R R P W D N E Z Z T S S S P T P Z R J G
S K H M S S E U B I A A T E H X N M T I
X I N K B L O T O P L L E P G L Z O P L
B S M X S V F H W E N A I P I R F I O I
B D Z O K J I W M S T B R E N H E N T W
B F N S Y B L M O K B I V R D T C E F T
I Y U N N L D A T R Z H O M I W Z H E Q
X D O K V P S I I N C I F W M A V L K N
T B O Z O B Z X I D Q A C E C F L D T R
E J Q N L L A W L D S I Z W R Z M H W K
```

CROW	INKY	PITCH
DUSK	LEIA	RAVEN
EBONY	MIDNIGHT	SALEM
HERMOINE	ONYX	SHADOW
INKBLOT	PEPPER	TWILIGHT

GIRLS CAT NAMES WORD SEARCH 86

```
J Q K I S D J Z X W L N Z Z Z R K Z C B
G C E O K J O R H Y R K T C U N A T S E
T X N B E M K G M E Z D E L D R T O D L
D A I S N O W B E L L F C M A T N N J L
F N L H U P D D Q P P Z X O E F I R A A
R A A H G N D K E I B K M I J H S G T T
M M R A J D D L T R D K R Z S N S U F R
X A O G I G S D E J V R E B G T Z E D I
M R C C C A K A R F A G N N F U H J E X
J I O R A A N M B H Z C U O S V W C K Z
A A X O A N M F C A B E E W C A J R Q V
M A F H S V U K I X N I I D H O O D O S
X J M C T B E L L O G E N E H I Q G Z M A
X W Z S I O S M K A X I H E W N O N A A
A R S D K W F I D J L D H T N R A R K T
D U H N J W V N C M K P V Z A I D H D T
D D H Z T R R M S G B I U B U O M D K H
C J X O F R A J Z P D I K K K C K S S O
L W C B W L U K C M A N P G B G X P A T
F C T A B I T H A T W I T C H I T O F J
```

ANAMARIA	ELSA	LUNA
ATHENA	HARRIET	RIPLEY
BELLATRIX	JASMINE	SNOWBELL
CORALINE	KATNISS	TABITHA TWITCHIT
DINAH	KITSA	ZORA

CAT TOYS WORD SEARCH 87

```
D X Y O T R E S A L C I T A M O T U A E
W M M F R E L L O R L E V E L E E R H T
Y O T T A C C I T O B O R R M P V C B Q
R E S A E T T A C G N I T A T O R A H S
W E O X P D M U I S L S R Q P N S T L C
V S T A E X C Q P L X V J F N H R F F S
D E B L E N N U T T A C P U P O P E B U
R M Z J O X Z P I M Q C X E E V B A E O
N P I N T A C T N A T S I S E R E T I B
Z V O L P T D P R E D P V K A L J H U T
I A A J Y O T T A C N O I T O M F E C M
Y O T P I N T A C W O B N I A R W R F Q
T N E M T R O S S A Y O T T A C S W R T
M I S G N I R P S L U F R O L O C A L S
D Z O Q D C M P Q R G U V E P I L N R V
Z N U R E H C T A R C S T A C A X D X S
S C I I E U L B K D P K O W X K B P H M
C I N T E R A C T I V E F I S H D I B I
J B S Y O T L L A B T L E F L O O W U L
R A I N B O W C A T C H A R M E R X D P
```

AUTOMATIC LASER TOY   COLORFUL SPRINGS   RAINBOW CATNIP TOY
BITE-RESISTANT CATNIP   INTERACTIVE FISH   ROBOTIC CAT TOY
CAT FEATHER WAND   MOTION CAT TOY   ROTATING CAT TEASER
CAT SCRATCHER   POP-UP CAT TUNNEL BED   THREE-LEVEL ROLLER
CAT TOY ASSORTMENT   RAINBOW CAT CHARMER   WOOL FELT BALL TOYS

WILD CATS WORD SEARCH 88

```
U B V B S O R E M Z M D T K B J Z Q K I
F F F W H J C M A R B L E D C A T U U R
H N T A L L I C N O N R E H T U O S A S
U B S M I W A N Z R W H D E K G E S D S
G Q C I B O R N E O B A Y C A T P B K L
N A L L I C N O N R E H T R O N F X N G
G E A S I A T I C G O L D E N C A T C E
W F J C F U S M H Z S W R T C N L N B O
I H B O F E Q Ñ I U G G M S U U X V F
I J L U R L A C A R A C P X A W B M Z F
F Q P V C R C R F X B E N U G T S N Z R
S P A Z A P B S O B J R H H J V Q S B O
M L J D M C A N D E A N C A T J Q P U Y
Q K I A A U J M A R G A Y G T D C H U '
W K H J P X V U X N Y L N A I R E B I S
T C C K Z U X R M V S N E A E B A P B C
A O R C L O U D E D L E O P A R D C C A
R R C N U Z G B C C O L O C O L O R I T
Z L E S Q H F O C E L O T A W U C J Q N
O E R H X L P O W W T M V B H C X Q B P
```

ANDEAN CAT
ASIATIC GOLDEN CAT
BORNEO BAY CAT
CARACAL
CLOUDED LEOPARD
COLOCOLO
GEOFFROY'S CAT
GUIÑA
IBERIAN LYNX
MARBLED CAT
MARGAY
NORTHERN ONCILLA
OCELOT
SERVAL
SOUTHERN ONCILLA

WILD CATS WORD SEARCH 89

```
F I S H I N G C A T C A X J V J U J O O
U T E W G V J D U C C T K H N L F M C G
Z A U T U U F F C Q A J O D E S G J H T
I C R A N L P H V C Q O F P M F U T E A
N D O C J A U S B X W B I W T N I W E C
E E P D H T T O H L X K I V G C I U T D
N T E R Z W B Q M P M A H L K A T H A E
T O A A M L Q B G M N A E F D S S D H D
X O N P F I M H T M T C R K C E V U F A
A F R O X N Y L A D A N A C P H J K N E
W K W E T T O V V T S C Q G X Q X J U H
S C I L C I I T U W X L F H W U N J Q T
R A L V O U T A C D L I W N A C I R F A
R L D A L J V Z J A G U A R U N D I V L
R B C D N O W Z E X G J B R P H O Z C F
C Z A N V D C D J Z V A B G Q B N Q X C
H O T U U M H N B T A C S A L L A P E P
S R U S T Y S P O T T E D C A T S C W I
T A C D N A S A B M V J P E F R D Z H G
E U R A S I A N L Y N X D W R N C M X L
```

AFRICAN WILD CAT   EURASIAN LYNX   JUNGLE CAT
BLACK-FOOTED CAT   EUROPEAN WILD CAT   PALLAS CAT
BOBCAT   FISHING CAT   RUSTY-SPOTTED CAT
CANADA LYNX   FLAT-HEADED CAT   SAND CAT
CHEETAH   JAGUARUNDI   SUNDA LEOPARD CAT

CAT TREATS WORD SEARCH 90

```
W R Q O A M E R I C A N J O U R N E Y P
O L A D C Q H Z W Z Q M Z R U G L Q I F
V I X K N C S K G T B I W S V E K W Z R
B K D W D S N I K C I L R E K S I H W E
I L C C U N I S N O I T A T P M E T E G
B Z U B S H E B A D B X P L S Z M J I
D S G E C L G P C B V T S H H F J A F T
G L X E B J E X M O R U E Q H J E D F Y
A H T I W U J C T H I M I P Z W X F G N
Z B C E M S F V V B I O K S T U X N M I
Q H L V N W E F G U J K S B R E K E K T
P U S W C C O T A Q I N I Q A T K E S F
H S N V H P B E I L W Z R Z H J O D E B
J K R J I L E U M B O B F S Q G N M I K
K K C J N S V D N N E Z X E S D S Z N R
D I O V A Q V N X D Z R N H I D W F E K
Z K B M B O C U H R L B U T E E N N E V
Z R L W A I W K U Q N E V P T B A Q R V
N V X T I K I C A T V O K W P O S B G I
R E T W M L Q H Z W O R I J E N Z Q N G
```

AMERICAN JOURNEY	HARTZ	SHEBA
BLUE BUFFALO	INABA	TEMPTATIONS
BUNDLE	MEOW MIX	TIKI CAT
FRISKIES	ORIJEN	TINY TIGER
GREENIES	PUREBITES	WHISKER LICKIN'S

CAT PREDATORS WORD SEARCH 91

```
N S M I N X W J K X E T H Q Z C C J N E
D K A X P M S B A B S R Z A H R I K S H
D C G S J C A T H W M B M N W G Z T E J
A D O F A J A U A E P Q H W X K A L V V
S L W M S E X O F C Q B E I P W S M L J
S U N F F B Q Q T N T O I I S O J W O L
Q N N X V M F I Z H N L W X H S L G W K
I G A J I M R A G U O C A I N A W K L C
C A M K I N I V U F D S P O Q S K W E S
S R O R E R N F F S R S I R L K J Q C V
A E I W E S C V E J O P X B E V F Z W D
I N T Q L D O N D M R P A K A J A B T H
B U G O O S I H X O C B B D G L P W R A
F E R H Y R V I C M M U H J L K M K S D
A S B L E O G S S Q G E W A E R S T R Q
U T R V V W C V K I X L T W S C R Q E C
J S L G J H S E N I P U C R O P N U D R
C O M K L N D W X Z D G N S G O D K I J
W I F L L Z P H L M T W V I K V Q I P L
H G X S N O O C C A R F A M K X H E S R
```

CATS	FOXES	SCORPIONS
COUGAR	HAWKS	SNAKES
COYOTES	OWLS	SPIDERS
DOGS	PORCUPINES	WOLVERINES
EAGLES	RACCOONS	WOLVES

BAD CATS WORD SEARCH 92

```
H E K O O M O F U T V A M B L E N W V N
J S N S C P Q C Z P L M C C J J G F F J
C E P E R C Q Q G R L E K G D B L J O Z
Q M X S M T I C U M N R I B M U Z C V K
Z A E E H L M T Z W A I P Q H G M U Q X
B I R N L A S A O E G C L P U M A M O E
V S H I X P T X N X P A X N I I I C Z R
U A S K N E I M G X E N E F F A N F Z N
I A I N Y R U G Z E B R V O R E C W O
D P N O H M W H K I J O K I G H C T I V
L L R T P I C V K C C B R B A D O A T E
I M O N S Q D H B I G T I P G E O C U D
J P C O O S K A V X V A K Q W O N X M X
R G N A Y A L A M I H I L C X N B N N D
I M Z K O E Q R K N J L E T J Q S Y U P
N U E S E N I L A B G R S F W W I H V H
X S Q R T Z W O Z L T I S W G M T P S H
X P Z F A R U P A G N I S F E A D S Q M
H T Q N L O F A L D U B V K W X Q E W R
I G P T D R D K T X A R J R D L O E V U
```

AMERICAN BOBTAIL	HIMALAYAN	SIAMESE
BALINESE	LAPERM	SINGAPURA
CORNISH REX	MAINE COON	SPHYNX
DEVON REX	MANX	SPHYNX CAT
EXOTIC	SELKIRK REX	TONKINESE

CAT MOVIES WORD SEARCH 93

```
E W M T J N D W T K S D F J Z N L W X J
E P K A O X A G B V T D V S G Z S D T B
L E O C H G H J O W A L S V O B K G A K
Z U P N S U T L R S C L G L S J G U C Q
X F Q R N L J G N T O L H A R L Q N N H
Q T S A R Y C X F O T G K D E K D G R Z
F O Z D U A K S R O S M X Y H H G Z A O
K M I T T W O R E B I P V A T N U Q D A
O A Q A E A S E E N R X F N O M H Q T L
L N T H R R B U F I A T A D R S B R A P
G D L T T E I C B S E A R T B I D C H K
O J O K A K T S C S H O E H O T Z M T B
J E B Z C S R E N U T I S E W O H S F O
X R T P E I A R C P F R B T T & P B G R
F R W N H H I E V C A T S R H O X C R K
E Y C G T W V H R D V M J A F L E T A A
W F F Z T A Z T L K K Q E M O I L J W T
O L B A K U N E Z M O H R P M M O S M P
D S K M O L I V E R & C O M P A N Y K I
Q R J X Q S D N L D P T J U A E N F R H
```

A WHISKER AWAY   MILO & OTIS   THE ARISTOCATS
BOLT   OLIVER & COMPANY   THE CAT RETURNS
BORN FREE   PUSS IN BOOTS   THE RESCUERS
CATS   THAT DARN CAT   TOM AND JERRY
LADY AND THE TRAMP   THAT DARN CAT   TWO BROTHERS

CAT MOVIES WORD SEARCH 94

```
K C E S F D D Z V F F I L C H T A E H P
U E I Z O N X F A T M J B E S O R B F U
N R A M G J I M A M A N K L C C A M T I
D H F N P Z O C S N U R Q I B K H W H W
E L C E U W G A R F I E L D Z W Q Q E U
R V B E U N S J A H F P H A L L U R I
C J T A C T S O H G A L D W I I B C A F
O Q J L U P I B G Z M U G A V G T A B F
V N O J H H A J M T M C T I Q Z N T B S
E L U F E T D C W A A N N N N J I S I L
R F E L I D A E B T A G A R Z G N D S R
K F Z H L B T B P C F W Q U V F E O C A
I X A N G J E E I R I L Z C M S L N A C
T W J N Z M O R E U O F A I W H I T T C
T B C D J P E E V I K T S I D Z V D I S
Y L R Q L M N F E U S Z Z L K R E A I O
K F C E A U E A M E Z B R K M E S N D R
W D D N I W S O Y S S V K Z P B X C E C
W X A P I W H E Q Z X Q A U D T K E K B
S S U E S A A A X G G K T A S R Q H D I
```

AN AMERICAN TAIL	FELIDAE	KEDI
CAT PEOPLE	GARFIELD	LIVING FREE
CAT'S EYE	GHOST CAT	NINE LIVES
CATS DON'T DANCE	HEATHCLIFF	THE RABBI'S CAT
DUMA	KEANU	UNDERCOVER KITTY

CAT MOVIES WORD SEARCH 95

```
W I P X U N C M X S R N K J D H O U B I
O M T B H S T A M N K V B K L B Q I B G
T R H T F V I N T L N O P Z X Q L Q A L
N H E A H Z Q G W W S S R X J N R T T U
O A C C R C C L B W O C E Q N O K Z D P
T G A E S U T E X T A M B O C K L E H S
D G T H T Z A H C F Z J A K W Z I Q I G
N W I T U L C O D G W B D N U X S X E V
A Q N U A E E R R D L O X I T S S S H I
Y O T G R L H N Z E G U L K J O K D J W
R F H U T T A M Z P Z R G V L J F G W
R Z E G L T X M N B A I K B R A B U H R
A Z H H I I I Z E K U D A M R A M O A O
H X A P T L L G W U X C R S T C G N Q K
S L T U T T E F S A K A P G G B L B A L
S U L G L R F S P T C N B W K U E M R Q
S T M Q E A D Y R A T A M E S T E P O L
T W C R U U R X S G J E N I L A R O C H
N H X Z K T J K L Q E L P O E P T A C I
F B D M D S Z I W A R R I O R S M T A L
```

CAT PEOPLE	HARRY AND TONTO	ROCK DOG
CATWOMAN	MANGLEHORN	STUART LITTLE
CORALINE	MARMADUKE	STUART LITTLE
FELIX THE CAT	PET SEMATARY	THE CAT IN THE HAT
GU GU THE CAT	RHUBARB	WARRIORS

FICTIONAL CAT CHARACTERS WORD SEARCH 96

```
V M M H K H T A C E H T Y L L I B C J Q
H R M S U R E E B Z H M C T S B X R R N
I S Q Z A F H A V K R I B N B W K P A F
P P G O A Z R A E L O P A Z O U R X D L
H Q Y L E R E V E B Z E R X E L R X X I
F I B A B O J N A B B R R U I J D Q N K
H A X N U X T B D X O S T M H C I Z C F
Y E L K C U B R Z J W J P Z I G I L F V
X B A U T O C A T U B L Q T F R R D A Q
M T E C C O S N T J U K A J O N A M A C
J B A Z X B N Y Z T B I L J S J O X Q I
F A Z W K E L A A O B K I Q Z E S Q U O
Q R N B T R O V D N L U Q Z X Q I C B F
T T Q C T L L X I T O S S S G D M F U B
U L K J J I B O O H S R M R N D E Z M Z
P E J B F O V K H Z S A L N B E T Q K T
X B H V H Z V U T G O G T N V H R Q P H
J Y W A C O C L T J M N E D S R A P W W
R T R M C K J A N C O I Z M K U Z J F V
K Q F F O B T P C L F L A J A G L F W W
```

AMANOJAKU	BARTLEBY	BILLY THE CAT
ARTEMIS	BEANS	BLOSSOM
AUTOCAT	BEERUS	BOO
AZRAEL	BERLIOZ	BRANYA
BANJO	BEVERELY	BUCKLEY

FICTIONAL CAT CHARACTERS WORD SEARCH 97

```
D P O T H E C A T I L L A C C A T S G M
O M T P G I S M C A L I S D C K B D N E
R B V A S N A R S L H W M H S V O Z T P
A A D G C A A J A C B L H J U N H X A D
E J A L Q O N F R S L F E R C L I F F M
M M H L R R C H W W A A T A L L A Q L I
O D B C I A F O R H S K U T G N K T H S
N T D H T S G Z H L F Z H D J W A R P C
M U W L F U H X B C U E X C E C N R C O
Q B Z G K C B U P U C C T L S C L P R P
J Z X N Z A O E B O H H A U G I A W N C
R N G V B C A O P L Q L O U J L I T M A
M S I G Z S R Y O B Z E C D N T V X F J
Q M G W W N C E D H G S W I M M R J J D
G D O I R A F R I A S X V S X T G S D J
C R U P T A D B R E F G O C T P I F A A
H T D R D K D U H L X C U S T A R D N L
B Z U U K B O C L K K M C P W A D N N R
F A O N T C U M L J U W A T B D C K Y A
X D I K H D M C I A Q Z A W G A Q E I C
```

BUTCH	CLAUDE CAT	DARWIN
CALI	CLIFF	DORAEMON
CARLA	COURAGEOUS CAT	DUCHESS
CHLOE	CUSTARD	THE CATILLAC CATS
CHOCOCAT	DANNY	THE COPYCAT

FICTIONAL CAT CHARACTERS WORD SEARCH 98

```
R R D A Q V M S L L S H V V Z Z U R B B
Q C E K G C B L X O Y I B A Z V E R P A
E G O R D O N I F U E F C N I C K M H J
X V X N B V W R O M G W F N H C R W P Z
O I C M J P I B X F D B Z U A J I U T S
S U L C U T U O O T Y U Z X L R T L Z P
C O V E Z F O W K D R G D P Q F F J E M
Q R L O F H K V I F S G L O R L R U Z F
B A S E A D G A G I L B E R T S X I U C
E G A P F N R C D Z G Z M D D U B U S J
Q I O K A F D R N D A Z M Z P J X A L U
I F T U N S L N K F R F U R R B A L L X
B D A P T O M Q V U N T V V A A M I G F
G H C V O C A W U J E U V Z J Q W W S A
S I T W M I N M T C T V B N L H G X F E
M F A B C Q F A G O W R N J T E O S S B
T Z F D A X C Z H B R C M R A F K N O A
A M D Z T V M F L L Q O O C E C T S K Z
G U M B A L L W A T T E R S O N L O L P
F G I D E O N T H E C A T K T B W Q J F
```

FANTOMCAT	FLUFFY	GARNET
FAT CAT	FRAIDY	GIDEON THE CAT
FELICIA	FRANCIS	GILBERT
FELIX	FRITZ	GORDON
FIGARO	FURRBALL	GUMBALL WATTERSON

CAT CHARITIES WORD SEARCH 99

```
S M S A I B N X W G Q V Z K G P G X Q I
R Y K L J W L W T K L G J G U A S U V F
Q R R A A P M I R N J E R L D W A W H E
Z A F Q K M G W N Z I X M T W S V D K S
F U A U I J I A B D T H B U P H E X R B
E T L A T X W N E B C C I R V U A I O S
N C L A T Z A C A L C A X V F M P M W E
C N E N E A G A P F G G T B D A E B T T
E A Y I N E S R R Z O N K R D N T R E A
S S C M A N A S E J E S Q H E E U Q N T
F N A A S M N Z P V M P D Q J S M U T S
O O T L S R D G N Q O I M N Z O C T A E
R D A R O A W F X A Z R U X E C A U C E
F N L E C L A V T T W E D P W I R A E N
I O L F I F L E R V O F L E L E R J H I
D L I U A O K N A T A M L S R T B F T N
O E E G T R S M Z H D C T B X Y J B I A
M H S E E B W L M V Q L G R A D X H V C
H T E M S X T C E J O R P O T A S E H T
P E T S M A R T C H A R I T I E S   L M
```

ALAQUA ANIMAL REFUGE	FRIENDS OF ANIMALS	SAVE-A-PET
ALLEY CAT ALLIES	KITTEN ASSOCIATES	THE CAT NETWORK
BLIND CAT RESCUE	PAWS HUMANE SOCIETY	THE LONDON SANCTUARY
CANINE ESTATES	PETSMART CHARITIES	THE SATO PROJECT
FENCES FOR FIDO	REDROVER	WAGS AND WALKS

CAT ATTRIBUTES WORD SEARCH 100

```
D L Z Z W M S F J C J L K R U K F R V R
Q C P F W N U A D T Y L D D U C J O K L
D O Z T U J O L F U V T T R A M S G M Y
W K S M D H I Z S F D V O I V U V A K F
G G X T A Q R L H O E P L A Y F U L G O
M M J P R X U J M G M C O I E A G U M O
K G P F C E C P S J C A T L W O S Q E G
I Y G U E U T W K S V K Z I O H U I Q D
F E L M I A T C N P W P Z O O V S D U U
R X W B X D W E H G G A Q R M N I N M P
O O T N J V F K P Y F J T Z L D A N W P
E Z F G W E F Z M H A D G R B X K T G Q
D H B Y U N U P F R I E N D L Y H I E N
X I I P U T N N R Z T I B X N R B H W W
L B C E I U N U I I F M A F U M K P F W
D Z S E C R Y H X M K N P H Q D O E S A
I K Z L H O Z O J I O O I W H X L C B B
D J V S I U X B L J P T C K Q I O E M D
H B H Z X S U M X S U I Z I G Q I S D E
X J I S O U X S N J T I U A T D R D J T
```

ADVENTUROUS	CUTE	LOVING
AFFECTIONATE	FRIENDLY	PLAYFUL
AGILE	FUNNY	SLEEPY
CUDDLY	GOOFY	SMART
CURIOUS	HAPPY	STRETCHY

DOG BREEDS WORD SEARCH 01 (Solution)
DOG BREEDS WORD SEARCH 02 (Solution)
DOG BREEDS WORD SEARCH 03 (Solution)
DOG BREEDS WORD SEARCH 04 (Solution)

DOG BREEDS WORD SEARCH 05 (Solution)

DOG BREEDS WORD SEARCH 06 (Solution)

DOG BREEDS WORD SEARCH 07 (Solution)

DOG BREEDS WORD SEARCH 08 (Solution)

DOG BREEDS WORD SEARCH 09 (Solution)

DOG BREEDS WORD SEARCH 10 (Solution)

DOG BREEDS WORD SEARCH 11 (Solution)

DOG BREEDS WORD SEARCH 12 (Solution)

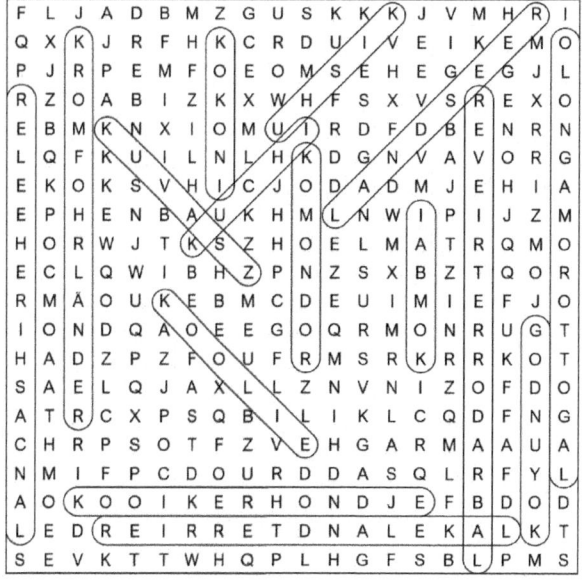

DOG BREEDS WORD SEARCH 17 (Solution)

```
G F J Q L B F V M H K I L X H K I S Z M
S Q K V O F L C A R L Z A R A P L C F A
G L L O I C N I K X X E R Z R S I S D C
T A I Z L Q N Q A G D P G L N B H R N K
Q P T T E E W E X U Q A E E P K Z T U E
P P H O O N D L F C T W M Q W D I V O N
M O U D N O L I F V K G Ü I U L B Q H Z
X N A R B T U A P I K L N G M U D E Y I
G I N A E X F N I T D U S C A P M D E E
J A I S R H K G U Z N T D N O A F R R R
T N A O G W G S S W A E E C E I G C G I
O H N R E I U H R M E H R P T T Y K A V
S E H E R B G A H F W C L Z O A A S T E
P R O I R P X N H X K W Ä U O L R Q T R
A D U R N B P D D S T Ö N E X I A T A H
A E N V K J O O F R P L D H R A G A R U
S R D E K L R G W T G Q E F S N Á O H S
A A T L H V W V A R V L R V W O R W A K
H U D F Q M A L T E S E U R V T A S M Y
L U A R E I R R E T R E T S E H C N A M
```

DOG BREEDS WORD SEARCH 18 (Solution)

```
K V M T M F R M V R K G O B U X W G Q P
M Z T W I V F L M E V W R W G M R P T B
V B N M N M F I A I J F E R O F Z Z S R
D H E U I O I K R J M H S D C C M I E
I U W D A L T F I R T O C J G S O S E Z
H T F H T O S V A E X L S R N E O B F U
Z Q O O U S A Q L T O I N R I I Z N N A
H U U L R S M T G L F V I U G H L H I N
M I N H E U N E N L X P P C N C I Z A H
C K D O F S A Q I U K S E N I U L D T C
N K L U O O T H D B D J R I S C K N N S
A Z A N X F I I R E M G U A A U Z N U E
B P N D T E L B E R D B T T E M F K O R
D H D P E P O O H U H K A N N O Z A M M
O D U F R I P Z S T N A I U I M O G P T
G F M E R R A L T A L P N O U T L I J A
P O U J I U E J E I X K I M G G J O M I
N T D O E S N E N N O J M R W G G M G N
C D I F R Z Q E E I Q K H F E F I B X I
L A F D D U A L N M G U B T N S A S P M
```

DOG BREEDS WORD SEARCH 19 (Solution)

```
F E B G N N A S B P A C K J P A N Z V L
F G P V N U R T N Z G H G N P D O O F N
N G N R O I Q E O K O Q O N N N O R L E O
U O K F R K L P R G R G D W X T W D A R
R D D U T P B S W D R Z P K N T E E C W
E L N O H B E N E P A V E L O E G N Z I
T L U R E E M E G A V R E A R R I G Z C
N U O F R L N T I I A J H P F H A L H H
I B H S N O E T A V N C S A O O N I B T
O H R F I C E O N O N W H P L U L S D E
P S E P N V K B B R O D S I K N U H E R
H I E H U T L R U H H Q I L T D N T D R
S L D E I E K R H N C F L L E L D E P I
I G S Q T B B O U V A X G O R Q E R L E
N N A G D P L N N H P E N N R Z H R G R
A E P G O K R D D Q X U E W I A U I J W
D E M J G I S K E L P V D R E P N M E A
D D A W G T R J S E T M L B R Q D R U R
L L P C V C Q V P R W K O K E K N I Q H
O O N O R W E G I A N E L K H O U N D G
```

DOG BREEDS WORD SEARCH 20 (Solution)

```
P T C R O N R B J Z P C A P E C W T Z C
E G I E L X P T I D E Q J E J W A O Z V
K O Z I P I E G X I T C P R S V Q I D K
I D T R L P M T J H I L A R I K L R N N
N P B R U K B H T C T E T O D E L A U D
G E W E M C R H V R B I T M N N D N O O
E E T T M A O U G O L N E A U È J A H L
S H E L E B K R N A E A R J O L D C T C
E S Q L R E E M E C U P D O H A K A T H
N N H E T G W Q J N D S A R H H B S O
F A T S E D E H W I E Y L E O P L E L J
M I R S R I L I R N G D E R A G G R P L
S N B U R R S T Z A A R T O R O G P V U
M O W R I C H R Q I S A E Z A H O E C T
Q G M N E O C P G V C C R F H M V D T T
F A V O R U O I I U O I R J P P O O X J
D T K S G Q R B W R G P I O T G K R H I
H A D R J U G X O E N X E T V W L R C N
B P A A P H I W W P E F R J R V K E T P
P X K P L P Z J A I E A T P K W U P V K
```

DOG BREEDS WORD SEARCH 21 (Solution)

P	O	I	N	T	E	R	P	S	A	Z	B	L	K	H	J	P	D	J	U
R	Z	M	K	P	T	F	O	U	H	R	I	E	G	T	Z	O	U	D	M
D	S	D	M	O	V	A	L	P	T	R	P	I	L	M	B	R	P	P	T
N	U	N	X	R	R	T	I	Q	C	B	F	N	P	S	G	T	O	O	Q
U	B	U	L	T	V	O	S	U	N	I	I	A	Q	P	X	U	R	D	Q
O	M	O	G	U	B	E	H	C	H	H	K	P	K	K	N	G	T	E	P
H	O	H	K	G	A	D	T	W	K	X	N	S	V	I	N	U	U	N	P
Y	I	C	E	U	X	N	A	W	T	R	H	R	V	Z	I	E	G	C	O
E	R	A	J	E	Q	U	T	N	V	C	N	E	T	R	G	S	U	O	M
R	A	V	L	S	T	O	R	J	E	H	T	M	W	P	Q	E	E	V	E
G	N	A	S	E	Q	H	A	D	L	I	N	E	T	O	P	W	S	A	R
H	A	S	U	P	R	H	S	R	O	J	F	D	H	R	X	A	E	L	A
S	C	O	S	O	N	S	H	P	U	B	X	U	T	C	P	T	P	E	N
I	O	P	B	I	N	I	E	W	Q	F	L	A	P	E	O	E	O	N	I
L	C	P	Z	N	R	L	E	R	O	R	B	T	V	L	O	R	D	C	A
O	N	S	L	T	E	O	P	M	Q	N	Z	N	F	A	D	D	E	I	N
P	E	V	D	E	B	P	D	P	O	E	D	O	T	I	L	O	N	A	I
I	D	O	S	R	Z	B	O	S	M	X	W	P	C	N	E	G	G	N	W
Q	O	D	T	T	C	G	G	P	L	O	R	D	D	E	I	O	O	O	T
V	P	F	Z	T	Z	N	C	P	B	S	A	M	Z	Q	J	S	D	R	U

DOG BREEDS WORD SEARCH 22 (Solution)

G	O	D	R	A	D	H	S	P	B	B	X	N	Z	I	Q	L	K	D	G
H	N	I	V	Q	M	A	Y	A	L	A	P	A	J	A	R	Z	P	O	L
P	R	A	S	U	X	Q	S	D	Q	R	E	I	R	R	E	T	T	A	R
P	Y	R	E	N	E	A	N	M	O	U	N	T	A	I	N	D	O	G	O
D	X	C	G	O	D	N	A	S	G	N	U	P	J	L	P	U	V	R	I
N	E	X	H	N	L	B	L	H	V	E	C	U	Q	X	L	A	P	E	P
R	W	U	S	D	D	R	T	E	B	F	C	L	K	Z	D	X	Z	D	U
S	I	D	Z	I	O	O	X	A	K	H	Q	I	Z	X	X	S	X	X	D
R	A	T	O	N	E	R	O	M	A	L	L	O	R	Q	U	I	N	J	E
U	G	O	D	P	E	E	H	S	N	A	E	N	E	R	Y	P	S	R	L
P	N	O	Q	P	R	A	Ž	S	K	Ý	K	R	Y	S	A	Ř	Í	K	P
P	Y	R	E	N	E	A	N	M	A	S	T	I	F	F	E	Z	P	M	O
T	A	O	P	F	A	D	W	X	Q	U	L	I	M	U	P	I	R	G	I
O	J	E	T	N	E	L	A	O	D	O	R	I	E	F	A	R	Z	F	N
I	W	X	V	B	P	S	E	U	T	B	Q	Z	C	W	X	C	R	L	T
Q	P	M	O	L	F	K	S	J	I	P	Q	J	X	S	Z	P	T	J	E
E	Z	F	W	O	I	M	X	F	U	S	T	J	W	V	L	V	B	N	R
O	D	G	A	A	F	Z	H	G	S	H	B	H	F	T	S	B	X	C	H
M	I	D	M	D	N	U	O	H	Y	E	R	G	R	U	P	M	A	R	C
F	N	I	C	V	A	X	E	J	R	M	H	N	T	T	M	S	W	F	E

DOG BREEDS WORD SEARCH 23 (Solution)

V	T	T	X	I	T	F	R	P	O	B	Q	T	D	A	W	R	H	U	S
V	D	G	K	U	H	B	K	Z	A	U	A	I	N	R	A	U	G	B	A
R	D	H	C	O	D	L	U	P	Q	I	R	R	U	U	D	A	O	L	I
O	N	R	A	R	P	U	N	D	X	E	U	A	O	S	O	J	D	E	N
U	U	U	B	X	E	P	I	R	R	L	J	T	H	S	C	E	F	I	T
G	N	S	E	G	R	N	H	A	I	M	T	O	N	O	D	P	L	N	U
H	I	S	G	U	E	T	E	N	J	T	R	N	O	E	W	G	O	A	S
C	U	I	D	E	L	D	L	R	K	Z	E	E	O	U	D	R	W	P	U
O	Y	A	I	U	I	U	H	E	Z	C	B	R	C	R	J	C	S	S	G
L	K	N	R	D	E	A	E	B	Q	U	U	O	E	O	G	H	O	N	E
L	U	T	N	R	W	Q	T	T	P	T	H	M	N	P	N	T	O	A	S
I	Y	O	A	U	T	B	K	N	N	S	T	U	O	E	P	G	L	I	P
E	R	Y	I	Z	T	X	P	I	M	P	N	R	B	A	R	A	R	S	A
K	P	C	S	H	O	F	J	A	V	O	I	C	D	N	Z	T	A	S	N
A	B	B	E	J	R	U	D	S	R	J	A	I	E	L	R	N	A	U	I
Z	B	D	D	H	U	N	K	T	O	M	S	A	R	A	J	K	S	R	E
R	A	T	O	N	E	R	O	V	A	L	E	N	C	I	A	N	O	N	L
A	C	P	H	X	T	V	W	E	J	A	P	O	A	K	V	C	R	L	N
S	O	I	R	P	G	B	Z	L	C	C	W	Z	K	A	F	H	Q	A	R
X	Z	S	A	B	U	E	S	O	E	S	P	A	Ñ	O	L	Z	K	E	F

DOG BREEDS WORD SEARCH 24 (Solution)

G	G	G	Z	S	C	O	T	T	I	S	H	T	E	R	R	I	E	R	W
O	C	S	C	O	T	T	I	S	H	D	E	E	R	H	O	U	N	D	E
D	D	L	S	H	I	S	Q	G	U	D	Q	W	M	V	J	K	D	X	T
D	R	S	W	A	A	Z	O	G	Z	C	C	Q	S	I	B	G	O	P	Z
R	S	D	M	N	L	E	C	A	N	I	N	A	L	P	R	A	Š	A	M
E	E	F	D	H	J	U	V	C	I	E	K	R	E	P	P	I	H	C	S
H	G	T	A	A	A	C	K	C	G	L	C	S	Q	D	G	Q	H	U	J
P	U	G	S	U	O	O	V	I	K	N	G	O	D	I	B	A	R	A	S
E	G	W	A	O	W	X	X	Z	N	E	S	E	N	G	A	R	I	R	S
H	I	G	P	P	P	I	U	K	G	Z	A	L	H	O	W	Z	N	J	H
S	O	Z	S	W	N	Z	S	S	M	V	M	O	P	F	O	W	N	N	E
N	I	N	A	G	A	X	P	B	R	V	O	S	O	S	Q	R	O	I	B
A	T	J	L	Q	B	K	L	L	B	G	Y	N	B	Z	F	D	Q	E	T
I	A	S	I	Z	J	H	I	T	B	G	E	H	P	C	L	I	O	F	T
N	L	M	J	R	G	W	D	T	C	L	D	B	N	J	B	H	D	Q	U
I	I	Q	S	E	G	U	G	I	O	M	A	R	E	M	M	A	N	O	B
D	A	L	R	T	P	U	V	S	C	H	A	P	E	N	D	O	E	S	R
R	N	R	E	I	R	R	E	T	M	A	H	Y	L	A	E	S	Q	I	L
A	O	D	N	U	H	F	U	A	L	R	E	Z	I	E	W	H	C	S	D
S	S	H	F	S	C	H	I	L	L	E	R	S	T	Ö	V	A	R	E	A

DOG BREEDS WORD SEARCH 25 (Solution)

DOG BREEDS WORD SEARCH 26 (Solution)

DOG BREEDS WORD SEARCH 27 (Solution)

DOG BREEDS WORD SEARCH 28 (Solution)

DOG BREEDS WORD SEARCH 29 (Solution)

```
F T A M M D T L O I H L K Q M D J V O G
X B J B L J K R E I R R E T H S L E W A
J V A K I A L N A I R E B I S T S E W N
R E I R R E T X O F E R I W A G O C Z N
G N K C B P G Q Q A R R P J Z O T W W K
T J Q I K T E T K E T D T F E D M L O I
S A S U P A H B W M Q B U K K P C S X Z
V O L P I N O I T A L I A N O E I P D X
L K A K I A L N A I T U K A Y E V Z N Z
M N U O H R E T T E W L I T A H P B F E
T W W I R E H A I R E D V I Z S L A D N
L E I N A P S R E G N I R P S H S L E W
I X I A S I D O G C D Z C K U S Z G O F
F F D R E H P E H S E T I H W L M W H D
W U T N X A Z S E H S D R Q U E S D K E
F I M S W E I M A R A N E R L W J R E R
N Z J C F V V D G Q M U R F T I S T O Z
R E I R R A H Y R T N U O C T S E W R U
V G O D S S E L R I A H N A C I X E M Z
W H I P P E T G S S W R H T N G Q B O I
```

DOG NAMES WORD SEARCH 30 (Solution)

```
G L T K R R Z Z T Z Q V B D R J O X R N
H G O V L B O R V U L H S H V V H U H L
G L P R P P B E S K Q L V W A R K M C I
A U S X V Z V P P E I F A P A B Z C D R
N A L A B V K I N L B N W H K X T O K S
U N G V H X J P Y E K C C A A Q J O O G
H Q H C N O X O L Z U L H Z E G B P N T
Z B S I P Q R L W V O M C A G S J E A B
D H N B I L A V E W F E M M R W I R S C
C J Q K I J L U N A Q I X C U L Z D E T
M B Q L U B C B N U X R T F F A I O U D
W T L I L V K A R O C K Y V W U P E T J
V Y C C X B N N W G V Z O T R I U N M L
D V R M C Z D H P I K R M A X P X L R W
V F W H O A K P T I Q X H G I S G V U J
H F O E P V F F L K N R O X B I D H S L
A L D E N J E I X U C B M L J G E N U I
X C R S S L U C Y U K O M I A U J H A G
O X A C Y S I A D D E O F L O M I L O R
T A F R C G J J H I K V C L G Z U F W P
```

DOG NAMES WORD SEARCH 31 (Solution)

```
K J M H X G C H O P P Z J W O P N T D O
T M R X V S C N H V V V D L I G H V Z T
D I U I Q O B C V D U Q U J N L O Z E I
P Z N W C Q Y Z C S J W C S F L K B D N
F R S C X L P H Z D X B P S L R R O I O
F A K W L L Q N N U X E M E D O D X W I
L K R O B U N T P H I Z Z C E G I W X G
A F M W T Z W D P X Z G P N F E Z M I T
D L H V L H E X O A P B D I I K R I V K
Y X X W A C K R L A W D T R F L W J N P
Z T L J X Q W R O I M V E S P Z O A R F E
G Q B V Q O L P K G Y P I T D T L I P X
Q M V B Y H L Z H X E X R C E J O I N U
E W H X V R M H T A L U J L A L B H N P
A M O Z E J O D M L I Q U U O R L V R W
G R Q X K T G S N L A H D C J J G A Q Q
B S C O C O H F J F B T D Y O F A M L O
E S C B E X A Q J N T L X U T M R F L J
G C S G D X I R I L E Y C P M E A J N S
K D S O W Z N J H W I N N I E F W F M G
```

DOG NAMES WORD SEARCH 32 (Solution)

```
X R C Q M K J G O N W H P J I K R W X A
V W C W R J N K I R H F D V D Y S G Z L
T A F R S I U J S A T K Z Z D L I F P L
S E V M I N U R Z M U Z T D D H N Z P E
F Z P J E Z L E F N R G U V E V R S H T
A N F K S Z L V Z X E B K S X L V Q U S
J V G B Y E L I R E K N Q B W O V Q Z M
S W W A J Z R J A R C S I X U C L Q M L
J G H I U Q X R O I U K A S B F E C D G
K J N W V R B S W C T E A O J D X A I K
A L R E G N I G Q P O B O O V Z I F J D
V J U G J G I N Q X G C N F X F A R O G
O W M S A O L M R X E F U A I Y L L O M
N Z V V C H W D V K V J J X Q A T S Q U
O T A V K G H N L Z A I E K S C U K U U
L X Z H H F E F F T D N O M A U D N F S
R C E A G P K L Q U A F R Z W P S W I C
K E T L S G K C E O G O Q S Q T D G N U
K G U A R T I H J Y E L S I A P M P N U
R F D H C K T G Z T G B U N U P S J F A
```

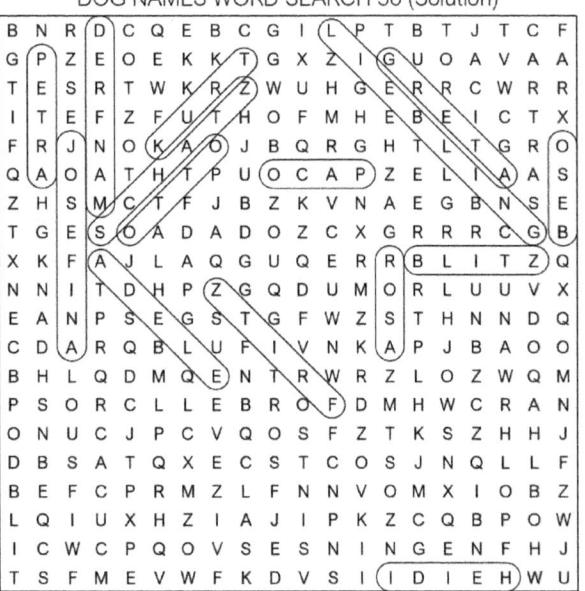

DOG NAMES WORD SEARCH 37 (Solution)

S	X	O	P	R	H	R	C	P	J	L	N	L	M	H	N	V	P	N	P
Ü	L	G	B	O	N	H	B	C	Z	B	U	A	J	T	R	G	N	I	K
S	S	V	V	L	X	M	R	S	A	D	Z	M	A	J	W	F	K	L	O
S	S	M	W	F	M	I	C	R	W	R	C	Q	A	L	D	O	G	K	W
E	S	S	D	Z	D	R	A	I	P	H	N	K	K	K	Z	Q	C	B	W
R	E	F	U	C	S	I	G	J	Q	K	U	O	B	G	M	S	H	B	M
E	C	T	D	K	C	Q	R	P	K	N	U	D	D	E	L	B	Ä	R	B
M	N	Q	G	S	G	L	U	G	N	G	V	U	C	J	U	S	I	Z	H
R	I	O	P	K	D	F	L	E	N	K	N	J	V	O	L	D	K	K	Z
D	R	D	D	W	T	E	X	S	E	I	I	M	Z	Z	E	A	B	E	A
A	P	U	U	R	V	C	S	O	N	N	G	V	E	I	U	I	H	K	B
M	B	F	C	H	F	E	X	G	L	C		R	F	W	I	S	Z	V	X
J	G	V	H	W	F	B	C	O	C	H	L	G	I	D	Z	P	S	G	O
F	B	I	E	F	X	E	X	N	C	J	O	I	U	W	T	U	L	J	H
F	I	A	S	O	P	L	F	S	I	E	P	K	D	J	I	O	G	H	Q
P	K	B	S	V	C	L	F	K	V	R	E	D	Z	Q	M	A	K	I	T
G	U	B	N	X	A	E	D	G	H	E	P	M	L	M	P	C	X	P	C
A	B	F	C	B	I	S	B	O	V	H	C	S	J	X	R	Q	T	H	W
F	R	D	I	G	G	I	N	O	N	Z	O	U	C	Z	M	R	I	S	Z
J	A	M	A	K	I	G	D	A	R	G	W	Z	H	F	Z	V	A	C	D

DOG NAMES WORD SEARCH 38 (Solution)

V	H	J	V	B	F	K	F	E	V	A	Z	I	D	H	V	L	U	T	N
X	K	Z	I	C	O	Y	I	K	D	Q	P	F	R	Y	Z	G	O	L	W
T	F	E	N	C	D	R	U	N	A	V	F	O	R	B	R	B	U	V	S
P	O	U	N	O	A	A	J	S	B	R	T	R	O	N	G	M	S	H	E
W	T	W	K	R	R	M	U	M	U	G	A	E	Q	C	O	J	J	I	S
Z	E	W	R	V	I	A	X	A	G	H	P	I	N	Z	E	G	P	V	P
L	R	A	S	E	J	C	B	K	V	H	T	W	W	N	Z	N	R	G	A
N	A	E	O	X	P	L	O	C	M	D	P	X	K	O	I	J	X	F	M
R	N	J	M	X	T	I	Y	T	N	O	M	Z	E	S	E	L	E	U	J
L	G	A	L	E	R	W	P	C	F	V	B	U	D	Z	V	R	L	Q	R
W	E	Q	D	S	A	A	T	J	E	I	E	V	S	Q	G	N	I	F	W
D	R	S	E	Z	W	L	G	Q	S	Z	I	Q	D	U	X	J	S	M	G
S	E	O	Q	S	E	U	E	Z	X	C	D	H	S	Q	F	N	E	T	W
W	E	W	W	N	A	B	U	X	I	H	L	U	N	I	W	V	N	S	M
U	I	P	J	J	M	K	Z	K	A	X	O	E	X	R	F	T	P	H	B
D	L	A	Z	P	I	Y	V	E	U	N	G	C	F	L	Y	B	U	R	X
A	P	Z	J	F	X	L	H	Q	N	V	D	L	F	O	H	D	Z	Z	Z
U	L	K	X	L	A	L	C	K	V	E	J	E	R	H	B	K	Q	L	K
K	H	B	F	F	M	O	D	T	H	F	F	O	R	A	S	A	E	G	D
U	L	S	E	C	W	H	W	X	N	F	P	U	B	J	E	E	T	B	D

DOG NAMES WORD SEARCH 39 (Solution)

C	A	D	A	R	P		E	C	G	B	R	Z	N	I	M	N	R	A	G
V	H	H	R	K	M	A	Z	D	S	W	Z	A	G	U	U	U	A	N	D
L	L	S	V	V	C	T	V	J	I	V	I	T	O	W	B	S	N	G	T
D	A	P	O	E	T	T	R	B	W	D	V	G	H	H	W	I	N	A	U
O	T	J	E	D	A	O	V	R	O	O	B	G	R	R	U	V	P	Z	O
D	T	D	M	A	G	L	P	B	V	T	W	U	G	A	F	N	D	S	L
R	E	L	O	B	K	R	U	W	U	I	G	C	R	R	K	J	F	J	S
A	S	V	R	H	K	A	J	Q	W	T	J	C	H	J	F	U	J	H	B
N	O	A	P	E	D	C	E	L	W	S	D	I	A	L	W	I	Q	K	Q
O	R	G	Q	F	O	C	D	W	A	X	P	C	A	N	I	B	T	N	W
E	B	C	G	A	A	W	J	V	J	D	O	L	C	E	A	G	L	O	I
L	L	Q	B	B	V	H	J	T	A	X	N	O	I	X	C	B	Q	G	D
M	A	B	F	I	N	D	B	Z	O	C	O	N	V	R	L	J	B	M	H
X	V	B	T	O	F	T	I	B	G	V	J	S	I	I	Z	C	P	A	Z
J	I	N	P	Z	A	L	E	M	R	A	C	N	V	V	O	D	D	I	G
B	N	M	F	S	W	L	S	P	L	J	P	Z	D	L	F	H	S	T	Z
C	I	J	E	F	A	X	Q	J	X	Q	U	C	U	X	A	L	F	A	U
D	A	O	N	W	K	A	K	T	I	T	C	V	T	F	K	H	X	F	X
A	A	Z	P	E	H	D	J	C	A	S	J	X	A	A	P	P	I	P	B
F	C	B	V	X	D	N	O	A	C	U	P	K	K	X	I	W	R	A	C

DOG TOYS WORD SEARCH 40 (Solution)

I	H	G	I	W	Z	W	A	P	T	S	E	W	O	S	B	C	M	W	N
N	E	R	O	B	A	L	L	U	L	T	R	A	G	C	D	H	E	E	J
J	N	W	A	R	E	G	O	R	R	I	L	L	A	C	H	E	W	S	K
G	M	M	D	G	C	H	U	C	K	I	T	U	L	T	R	A	N	T	O
C	H	U	C	K	I	T	L	A	U	N	C	H	E	R	R	L	O	P	N
M	K	M	W	E	S	T	P	A	W	B	U	M	I	X	L	C	S	A	G
P	N	T	E	R	O	M	N	L	R	O	F	A	R	A	K	C	X	W	E
Z	F	E	N	O	B	H	S	I	W	E	N	O	B	E	N	E	B	H	X
C	D	Z	O	B	W	A	P	T	S	E	W	E	G	G	X	J	B	U	T
D	I	M	N	Q	R	F	T	H	O	Q	L	K	W	Q	Z	F	T	R	R
Q	Z	I	K	F	W	F	E	M	C	B	Z	T	D	H	D	W	W	L	E
V	J	H	I	E	U	G	R	H	B	M	A	D	Z	H	T	S	Q	E	M
J	X	Z	N	P	E	Q	R	A	X	L	C	V	C	V	C	N	E	Y	E
O	J	E	L	D	T	H	B	W	E	O	H	K	L	J	W	O	P	G	X
S	G	N	I	R	W	E	H	C	S	T	U	N	H	G	U	O	G	F	A
H	K	Y	P	P	U	P	E	L	G	G	U	N	S	V	V	V	F	E	U
M	P	J	Z	B	M	A	B	E	A	A	U	R	V	C	E	V	B	I	O
W	J	L	T	U	F	F	S	Q	U	E	A	K	O	A	I	M	H	U	Z
L	L	A	B	R	E	C	C	O	S	Y	L	L	O	J	S	A	K	E	U
F	L	H	F	V	E	Q	B	D	Q	P	M	K	U	M	Q	L	Z	S	L

LARGE DOGS WORD SEARCH 41 (Solution)

LARGE DOGS WORD SEARCH 42 (Solution)

LARGE DOGS WORD SEARCH 43 (Solution)

LARGE DOGS WORD SEARCH 44 (Solution)

LARGE DOGS WORD SEARCH 45 (Solution)

SMALL DOGS WORD SEARCH 46 (Solution)

SMALL DOGS WORD SEARCH 47 (Solution)

SMALL DOGS WORD SEARCH 48 (Solution)

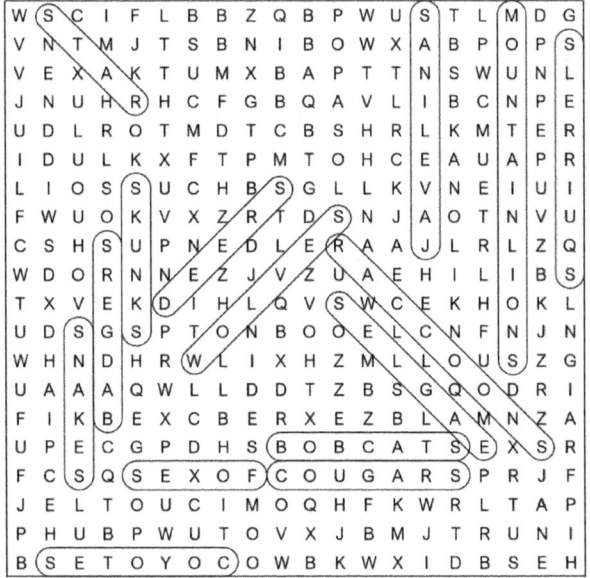

BAD DOGS WORD SEARCH 53 (Solution)

P	T	H	E	A	M	E	R	I	C	A	N	B	U	L	L	D	O	G	H
D	R	E	H	P	E	H	S	N	A	M	R	E	G	O	P	I	E	N	S
O	V	X	A	H	R	E	L	I	E	W	T	T	O	R	E	H	T	X	D
O	E	A	W	K	G	R	U	M	E	W	T	E	G	P	I	G	M	A	R
W	N	R	K	O	R	K	O	L	N	S	Z	N	S	S	R	V	D	H	A
M	A	O	E	X	L	A	U	K	M	N	J	X	B	I	S	H	J	V	N
T	D	W	U	I	I	F	H	S	E	L	L	E	R	Z	L	W	K	Z	R
F	T	T	F	L	R	T	H	C	U	V	D	Z	U	D	B	L	J	S	E
M	A	H	R	S	X	R	H	Y	V	D	V	W	L	E	H	L	M	G	B
Z	E	W	E	W	W	Z	E	A	B	O	B	F	K	T	F	U	D	N	T
H	R	K	R	H	B	S	K	T	F	R	N	D	Z	R	O	B	X	S	N
W	G	Q	W	M	U	I	M	F	L	F	I	A	V	A	C	T	E	J	I
O	E	E	K	V	T	S	I	V	T	L	R	D	I	B	M	I	L	Z	A
H	H	P	V	A	Z	W	K	I	I	E	U	O	L	S	M	P	R	B	S
C	T	V	H	Z	N	R	I	Y	X	C	E	B	P	M	A	C	B	D	E
W	A	W	A	N	O	V	M	O	N	Q	L	A	E	M	O	C	V	S	H
O	L	J	D	I	G	M	B	C	B	Z	R	P	I	H	F	N	U	C	T
H	M	D	G	U	L	L	D	O	N	G	X	H	U	O	T	A	G	A	F
C	R	M	E	U	I	F	G	P	I	I	T	A	W	J	S	O	L	W	C
U	Z	D	O	B	E	R	M	A	N	P	I	N	S	C	H	E	R	S	M

DOG MOVIES WORD SEARCH 54 (Solution)

E	M	O	H	E	M	O	C	E	I	S	S	A	L	M	W	Z	A	V	W
Y	E	N	R	U	O	J	E	L	B	I	D	E	R	C	N	I	E	H	T
J	A	R	P	H	R	E	T	X	A	B	T	E	V	O	P	F	Z	Z	R
K	A	H	G	P	K	O	J	U	C	S	L	K	G	M	R	E	K	X	H
L	J	P	O	R	L	X	Z	U	F	C	T	T	A	O	K	D	P	S	L
F	X	L	D	O	O	I	R	H	D	J	O	R	A	C	C	M	E	G	I
X	H	A	A	Q	M	C	W	Z	O	G	T	Q	S	E	C	P	W	O	P
H	W	S	F	X	S	R	D	X	O	E	C	Z	E	M	W	N	M	D	S
T	H	S	O	Q	E	A	J	V	H	R	M	K	R	H	E	F	Y	F	O
R	I	I	T	L	B	Q	M	T	O	U	T	B	I	D	V	P	D	O	U
C	T	E	R	J	J	H	D	L	R	K	N	T	S	W	F	N	O	E	N
M	E	W	A	Z	H	N	C	E	A	D	E	U	O	V	K	L	G	L	D
X	D	W	E	Z	A	C	L	U	V	G	O	H	T	N	O	P	T	S	E
T	O	E	H	Y	N	L	Z	A	O	J	S	T	D	L	T	A	U	I	R
W	G	S	D	J	E	W	M	D	T	N	W	C	J	T	O	I	L	B	C
Z	H	A	F	Y	W	X	L	I	I	J	N	H	A	X	X	B	I	W	Z
C	L	G	D	K	T	F	F	T	E	V	W	R	B	S	G	V	P	K	D
Q	K	L	F	Z	U	V	S	V	N	N	O	D	E	N	Z	M	E	H	N
T	O	S	P	A	X	E	G	E	E	U	I	F	P	Q	I	O	D	U	S
G	P	D	H	S	B	J	C	V	S	S	S	V	Z	V	Z	M	I	T	I

DOG MOVIES WORD SEARCH 55 (Solution)

G	Z	K	U	E	U	S	A	A	F	U	C	I	M	V	Q	H	E	C	P
U	O	D	L	R	O	X	Q	G	N	A	F	E	T	I	H	W	H	X	G
G	W	D	L	D	A	I	M	I	D	U	I	A	H	P	L	A	A	J	W
G	F	B	O	F	F	N	E	T	Z	J	F	W	X	M	K	M	R	L	U
F	O	F	D	N	U	O	H	E	H	T	D	N	A	X	O	F	E	H	T
Q	T	D	C	G	L	I	W	W	U	C	D	O	N	X	U	W	W	L	M
Z	Y	L	S	N	H	H	F	A	C	S	S	D	V	I	P	O	A	N	I
H	C	J	Z	I	F	B	O	M	C	P	G	I	B	O	G	L	Q	Z	M
O	U	L	R	U	H	I	P	L	Q	F	Z	F	K	D	W	E	T	T	Y
B	L	D	A	O	C	D	M	I	I	N	X	R	S	N	I	B	P	P	D
N	D	D	E	J	C	I	N	W	I	H	S	R	K	K	A	T	B	L	O
V	N	G	S	G	T	U	H	A	Q	P	S	L	W	T	C	H	G	L	G
M	A	Q	N	T	U	U	O	O	Y	F	S	H	Z	Q	F	G	J	A	S
T	Y	Z	S	G	T	T	S	W	N	O	J	N	V	G	I	I	H	B	K
K	D	L	G	G	X	L	B	O	X	F	B	L	G	N	T	E	K	D	I
K	N	S	K	A	G	O	D	D	E	R	J	A	Q	Z	A	G	I	D	P
U	E	P	J	Y	E	V	A	E	L	N	A	G	E	M	X	T	U	O	I
L	W	G	V	X	W	S	T	E	G	T	I	S	A	D	O	O	G	S	A
S	T	E	P	F	O	E	F	I	L	T	E	R	C	E	S	E	H	T	N
V	O	L	M	R	X	T	E	I	N	E	E	W	N	E	K	N	A	R	F

DOG MOVIES WORD SEARCH 56 (Solution)

L	A	F	O	W	V	R	E	A	J	L	R	V	S	A	F	G	D	F	L
Z	N	D	E	T	N	U	H	E	H	T	I	J	N	E	B	U	W	K	N
A	I	J	N	E	B	O	I	X	I	A	A	Z	E	S	P	U	S	D	A
F	G	J	D	D	V	J	O	A	E	V	B	J	D	L	R	H	H	Q	H
X	X	A	M	G	N	W	L	D	M	A	I	M	G	D	R	E	L	A	J
W	F	J	S	A	I	G	G	S	T	L	P	V	R	D	N	Z	L	G	R
O	X	M	R	R	Q	B	N	O	X	S	E	X	K	S	R	M	I	G	P
Q	L	A	F	M	D	X	T	A	Z	G	X	G	L	T	A	H	W	O	P
H	M	I	L	K	E	L	D	Q	F	A	D	N	E	O	N	V	N	D	R
K	H	V	D	S	A	N	E	O	D	E	N	W	D	N	K	P	O	E	O
A	M	N	S	B	U	C	H	B	G	T	T	H	H	G	D	K	R	S	X
M	R	D	M	L	V	F	G	B	Q	D	A	I	V	L	R	S	I	U	U
R	T	I	Y	A	R	T	S	E	H	T	A	H	H	I	F	V	V	O	W
E	D	V	B	T	Q	A	L	E	C	O	A	Y	Q	W	O	T	A	H	O
A	R	C	T	I	C	D	O	G	S	J	Q	A	S	D	J	A	F	E	S
Q	C	D	S	G	O	D	E	U	G	A	L	P	E	H	T	J	M	R	X
I	W	K	T	T	T	W	N	C	H	R	C	B	L	R	T	P	O	I	Q
T	D	L	I	W	E	H	T	F	O	L	L	A	C	E	H	T	S	F	H
U	Y	N	A	P	M	O	C	&	R	E	V	I	L	O	Z	T	N	W	I
D	D	E	N	E	V	A	E	H	O	T	O	G	S	G	O	D	L	L	A

DOG SHOWS WORD SEARCH 57 (Solution)

DOG CHARITIES WORD SEARCH 58 (Solution)

DOG ATTRIBUTES WORD SEARCH 59 (Solution)

CAT BREEDS WORD SEARCH 60 (Solution)

CAT BREEDS WORD SEARCH 61 (Solution)

CAT BREEDS WORD SEARCH 62 (Solution)

CAT BREEDS WORD SEARCH 63 (Solution)

CAT BREEDS WORD SEARCH 64 (Solution)

BOY CAT NAMES WORD SEARCH 69 (Solution)

```
M I R A B A C L D B P N Q F I T W P U G
P R E D W O H C A K X F B C O M O E P L
U K S R K E F B L L U S V J B M R A S X
A R E P O O C B F K C K K F T V C Q R A
D Z N B N L P J I S J X X Z O T F Q V D
E M C N T Q J O M S C Z K J U L T G G I
L J L L R A C H C E J D H D I P U C S J
C D E B R Q T H C Y X E R E Z X C N P K
I P T S R T E I M Z R F C O T A B O B Z
G W I E V S L G U S S U A K M J W B
M A S C T I B Q W C P E S N S S T Q D W
Q F V E B X R F P P N C Y Z O H G K A
R H R K I X L I Q X V B A C H C E M V J
O P H O I K D B V R L J X J B Q M W F D
C Q L P M F H Q K O C O M E T L C J R D
O K D P M W K T C T S H O H L P W D N Q
C I Z D P G E I K J L H F L F M F T F Z X
A P A O B C C E D A R R G C N I L F T B
O R T I E T Z V R V W W D X I W W I M M
Q L P F X M M V J L S C I X A K L F W Z
```

BOY CAT NAMES WORD SEARCH 70 (Solution)

```
N O C D O U G L A S P B A N E E A H L S
D L J M I B K M U A O G E I D W N J M C
M B G D I X F L A A S W H G P F O Z T M
P A C E A H S I L K Z K H P C L T F G I
X I V X C A G S U Z A U Q Q S W Y S H A
D D C P Z M N V F U A R S T R D A S T Z
O X U F I N M L E A R L K O D A D R B Q
C R D P L N T L Z N D I J E G F P U M E
C Q E T G T S J T A J N N D E X T E R T
J O W O L N A N X R V I M V G P R B E E
F N E D E K E L F W M Z S Q S A L E M O
G J Y K V V D U I H N W C X W M B D F S
A R U A Q R W K H K L U X F R L M I J C
C D K U V Z D B B L V W U P R F Q E F P
E V R W O S H X Q Q P T M O W K K S V K
C B N E Z D R Z U D N N V Q R L M E A J
I I G L V P H M X L O V V F J U B L G G
V M H K Z N T T G G V E K D I W R L R T
T I T F U H E B V N E F Q U X D U I A V
D D H L S G P D E D D K I Z D M X L W L
```

BOY CAT NAMES WORD SEARCH 71 (Solution)

```
K Z Q G K B R X C E N J G X E A E V S M
T I D K K G G W V I S U M A S O M L E A
E Z W N M L B V Z W P Z E L F G T G L H
E T I C G U F P E C U M L U W U O D H X
P G J A V R D H C O E B N Z S G B G E M
F K A Z B W L H H O B O W E R X T R U A
K F A N D A N G O O E Q R A M Z T H M E
D B S K V S O H B G D L F Z X A O C O S
H Z S S E L N Z J O O E A B W F I R T P
M V M Z P H P U A A O I D R E U L C D R
T H D E N Z O U O Z W H V D C U L T O E
X G C J W F W F Z W L Z E L I F E E K S
P I E Q O C T G U O E V E X L E G S C S
L X N K L X V K S I S L Y E J Z P C W O
L V Z M M W T R F E X Q O G G E P H S B
J O U J O U S B E O B C R D H D J E J E
G G R W Z Q C G B M R O E J S T I R M O
Z X C R E Z S R A A L P N G X J N C S Q
D U L D E E H D U O S E J P U I V U N A
M E D G A R S N C F P Q T Q V P Q M O I
```

BOY CAT NAMES WORD SEARCH 72 (Solution)

```
B I S G N D A O J Q B K P B G C U C D F
J F K A Q D R S F R B X N R J Z K T A I
X X K B B U G O R X S F R E C K L E S O
G Z F R P P X X A V E K A X L H R Z D B
L V L I F S W I N R P D N U M N U P T G
I Q Y E G R A T K Z V D C W N V A O D N
S V N L Q H F Z I C L T F C U J V I W A
Q M N C S L R P E U O I G E Q F M D S G
D N L H U O O I L H S K Z N P L K W E E
C H V H O K S H S H I V A U N A O M B N
W Z O J Q W T U E P R D S C O S D F A N
E P B V I Q I R O W P T F D C H O B M I
X U C U P E H C D F O N Z I E E R A Z F
G C O M G T S L T S X I I A Z A F U L E
A T T D A I L K A J O C C K A I F T V F
Z I U H R S K L M K E M T D Z H B I P R
M F J F R C U S X I L E F P Z D Q R P E
B M S B F C U T E G E B S X N N C K L D
O T U J E H D R Q F E M Q M I A J S S V
Q Q P C R H M Z F O T A B B B Z G G W N V
```

BOY CAT NAMES WORD SEARCH 73 (Solution)

BOY CAT NAMES WORD SEARCH 74 (Solution)

BOY CAT NAMES WORD SEARCH 75 (Solution)

BOY CAT NAMES WORD SEARCH 76 (Solution)

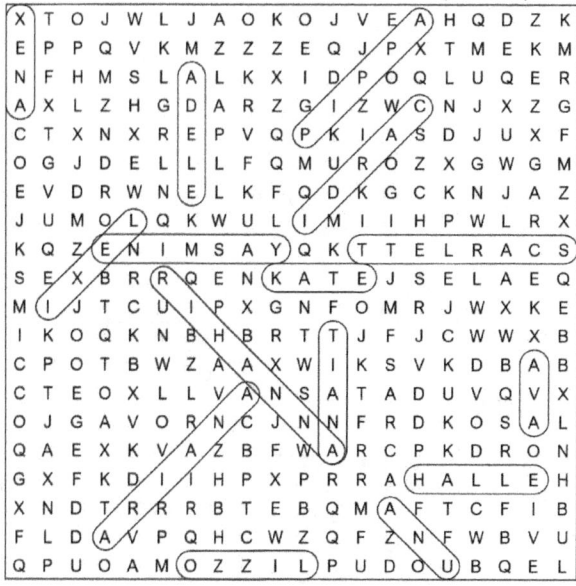

GIRLS CAT NAMES WORD SEARCH 81 (Solution)

GIRLS CAT NAMES WORD SEARCH 82 (Solution)

GIRLS CAT NAMES WORD SEARCH 83 (Solution)

GIRLS CAT NAMES WORD SEARCH 84 (Solution)

GIRLS CAT NAMES WORD SEARCH 85 (Solution)

GIRLS CAT NAMES WORD SEARCH 86 (Solution)

CAT TOYS WORD SEARCH 87 (Solution)

WILD CATS WORD SEARCH 88 (Solution)

WILD CATS WORD SEARCH 89 (Solution)

F	I	S	H	I	N	G	C	A	T	C	A	X	J	V	J	U	J	O	O
U	T	E	W	G	V	J	D	U	C	C	T	K	H	N	L	F	M	C	G
Z	A	U	T	U	U	F	F	C	Q	A	J	O	D	E	S	G	J	H	T
I	C	R	A	N	L	P	H	V	C	Q	O	F	P	M	F	U	T	E	A
N	D	O	C	J	A	U	S	B	X	W	B	I	W	T	N	I	W	E	C
E	E	P	D	H	T	T	O	H	L	X	K	I	V	G	C	I	U	T	D
N	T	E	R	Z	W	B	Q	M	P	M	A	H	L	K	A	T	H	A	E
T	O	A	A	M	L	Q	B	G	M	N	A	E	F	D	S	S	D	H	D
X	O	N	P	F	I	M	H	T	M	T	C	R	K	C	E	V	U	F	A
A	F		O	X	N	Y	L	A	D	A	N	A	C	P	H	J	K	N	E
W	K	W	E	T	T	O	V	V	T	S	C	Q	G	X	Q	X	J	U	H
S	C	I	L	C	I	I	T	U	W	X	L	F	H	W	U	N	J	Q	T
R	A	L		O	U	T	A	C	D	L	I	W	N	A	C	I	R	F	A
R	L	D	A	L	J	V	Z	J	A	G	U	A	R	U	N	D	I	V	L
R	B	C	D	N	O	W	Z	E	X	G	J	B	R	P	H	O	Z	C	F
C	Z	A	N	V	D	C	D	J	Z	V	A	B	G	Q	B	N	Q	X	C
H	O	T	U	U	M	H	N	B	T	A	C	S	A	L	L	A	P	E	P
S	R	U	S	T	Y	S	P	O	T	T	E	D	C	A	T	S	C	W	I
T	A	C	D	N	A	S	A	B	M	V	J	P	E	F	R	D	Z	H	G
E	U	R	A	S	I	A	N	L	Y	N	X	D	W	R	N	C	M	X	L

CAT TREATS WORD SEARCH 90 (Solution)

W	R	Q	O	A	M	E	R	I	C	A	N	J	O	U	R	N	E	Y	P
O	L	A	D	C	Q	H	Z	W	Z	Q	M	Z	R	U	G	L	Q	I	F
V	I	X	K	N	C	S	K	G	T	B	I	W	S	V	E	K	W	Z	R
B	K	D	W	D	S	N	I	K	C	I	L	R	E	K	S	I	H	W	E
I	L	C	C	U	N	I	S	N	O	I	T	A	T	P	M	E	T	E	G
B	Z	U	B	S	H	E	B	A	D	B	X	P	L	P	S	Z	M	J	I
D	S	G	E	C	L	G	P	C	B	V	T	S	H	H	F	J	A	F	T
G	L	X	E	B	J	E	X	M	O	R	U	E	Q	H	J	E	D	F	Y
A	H	T	I	W	U	J	C	T	H	I	M	I	P	Z	W	X	F	G	N
Z	B	C	E	M	S	F	V	V	B	I	O	K	S	T	U	X	N	M	I
Q	H	L	V	N	W	E	F	G	U	J	K	S	B	R	E	K	E	K	T
P	U	S	W	C	C	O	T	A	Q	I	N	I	Q	A	T	K	E	S	F
H	S	N	V	H	P	B	E	I	L	W	Z	R	Z	H	J	O	D	E	B
J	K	R	J	I	L	E	U	M	B	O	B	F	S	Q	G	N	M	I	K
K	K	C	J	N	S	V	D	N	N	E	Z	X	E	S	D	S	Z	N	R
D	I	O	V	A	Q	V	N	X	D	Z	R	N	H	I	D	W	F	E	K
Z	K	B	M	B	O	C	U	H	R	L	B	U	T	E	E	N	N	E	V
Z	R	L	W	A	I	W	K	U	Q	N	E	V	P	T	B	A	Q	R	V
N	V	X	T	I	K	I	C	A	T	V	O	K	W	P	O	S	B	G	I
R	E	T	W	M	L	Q	H	Z	W	O	R	I	J	E	N	Z	Q	N	G

CAT PREDATORS WORD SEARCH 91 (Solution)

N	S	M	I	N	X	W	J	K	X	E	T	H	Q	Z	C	C	J	N	E
D	K	A	X	P	M	S	B	A	B	S	R	Z	A	H	R	I	K	S	H
D	C	G	S	J	C	A	T	H	W	M	B	M	N	W	G	Z	T	E	J
A	D	O	F	A	J	A	U	A	E	P	Q	H	W	X	K	A	L	V	V
S	L	W	M	S	E	X	O	F	C	Q	B	E	I	P	W	S	M	L	J
S	U	N	F	F	B	Q	Q	T	N	T	O	I	I	S	O	J	W	O	L
Q	N	N	X	V	M	F	I	Z	H	N	L	W	X	H	S	L	G	W	K
I	G	A	J	I	M	R	A	G	U	O	C	A	I	N	A	W	K	L	C
C	A	M	K	I	N	I	V	U	F	D	S	P	O	Q	S	K	W	E	S
S	R	O	R	E	R	N	F	F	S	R	S	I	R	L	K	J	Q	C	V
A	E	I	W	E	S	C	V	E	J	O	P	X	B	E	V	F	Z	W	D
I	N	T	Q	L	D	O	N	D	M	R	P	A	K	A	J	A	B	T	H
B	U	G	O	O	S	I	H	X	O	C	B	B	D	G	L	P	W	R	A
F	E	R	H	Y	R	V	I	C	M	M	U	H	J	L	K	M	K	S	D
A	S	B	L	E	O	G	S	S	Q	G	E	W	A	E	R	S	T	R	Q
U	T	R	V	V	W	C	V	K	I	X	L	T	W	S	C	R	Q	E	C
J	S	L	G	J	H	S	E	N	I	P	U	C	R	O	P	N	U	D	R
C	O	M	K	L	N	D	W	X	Z	D	G	N	S	G	O	D	K	I	J
W	I	F	L	L	Z	P	H	L	M	T	W	V	I	K	V	Q	I	P	L
H	G	X	S	N	O	O	C	C	A	R	F	A	M	K	X	H	E	S	R

BAD CATS WORD SEARCH 92 (Solution)

H	E	K	O	O	M	O	F	U	T	V	A	M	B	L	E	N	W	V	N
J	S	N	S	C	P	Q	C	Z	P	L	M	C	C	J	J	G	F	F	J
C	E	P	E	R	C	Q	Q	G	R	L	E	K	G	D	B	L	J	O	Z
Q	M	X	S	M	T	I	C	U	M	N	R	I	B	M	U	Z	C	V	K
Z	A	E	E	H	L	M	T	Z	W	A	I	P	Q	H	G	M	U	Q	X
B	I	R	N	L	A	S	A	O	E	G	C	L	P	U	M	A	M	O	E
V	S	H	I	X	P	T	X	N	X	P	A	X	N	I	I	I	C	Z	R
U	A	S	K	N	E	I	M	G	X	E	N	E	F	F	A	N	F	Z	N
I	A	I	N	Y	R	U	G	Z	G	E	B	R	V	O	R	E	C	W	O
D	P	N	O	H	M	W	H	K	I	J	O	K	I	G	H	C	T	I	V
L	L	R	T	P	I	C	V	K	C	C	B	R	B	A	D	O	A	T	E
I	M	O	N	S	Q	D	H	B	I	G	T	I	P	G	E	O	C	U	D
J	P	C	O	O	S	K	A	V	X	V	A	K	Q	W	O	N	X	M	X
R	G	N	A	Y	A	L	A	M	I	H	I	L	C	X	N	B	N	N	D
I	M	Z	K	O	E	Q	R	K	N	J	L	E	T	J	Q	S	Y	U	P
N	U	E	S	E	N	I	L	A	B	G	R	S	F	W	W	I	H	V	H
X	S	Q	R	T	Z	W	O	Z	L	T	I	S	W	G	M	T	P	S	H
X	P	Z	F	A	R	U	P	A	G	N	I	S	F	E	A	D	S	Q	M
H	T	Q	N	L	O	F	A	L	D	U	B	V	K	W	X	Q	E	W	R
I	G	P	T	D	R	D	K	T	X	A	R	J	R	D	L	O	E	V	U

CAT MOVIES WORD SEARCH 93 (Solution)

CAT MOVIES WORD SEARCH 94 (Solution)

CAT MOVIES WORD SEARCH 95 (Solution)

FICTIONAL CAT CHARACTERS WORD SEARCH 96

FICTIONAL CAT CHARACTERS WORD SEARCH 97

FICTIONAL CAT CHARACTERS WORD SEARCH 98

CAT CHARITIES WORD SEARCH 99 (Solution)

CAT ATTRIBUTES WORD SEARCH 100 (Solution)